W0234219

Eckhard Seidel

# Zeitstreß – ade!

1. Auflage 1986
2. Auflage 1987
3. Auflage 1987
4. Auflage 1988
5. Auflage 1988
6. Auflage 1989
7., erweiterte und überarbeitete Auflage 1989
8. Auflage 1990

ISBN 3-920 400-56-9

Mitarbeit: Ernst-Walter Wehner
Verlag: HelfRecht-Verlag und Druck GmbH, D-8591 Bad Alexandersbad
Herstellung und Druck: HelfRecht-Verlag und Druck GmbH, D-8580 Bayreuth

# Was Sie in diesem Buch lesen können

Ihre Bearbeitungs-Prioritäten*

## 1. Liebe Leserin, lieber Leser!



## 2. Gestalten Sie Ihr berufliches und privates Leben



---

** Beachten Sie hierzu bitte die Erläuterungen am Schluß dieses Inhaltsverzeichnisses und den Abschnitt »Wie Sie mit diesem Buch arbeiten sollten«.*

## 3. Zeitmanagement – ein wesentlicher Teil des persönlichen Erfolgs



## 4. Praxistips zur Zeiteinsparung

## 5. Die Vorteile eines bewährten Zeitplanbuches

## Arbeitsempfehlungen

# Beispiele

# Abbildungen

---

*Ein Hinweis zu den Bearbeitungs-Prioritäten:*
*Damit Sie dieses Buch möglichst effizient durcharbeiten, sollten Sie bei den einzelnen Abschnitten, Beispielen, Aufgaben und Abbildungen Prioritäten unter folgenden Gesichtspunkten setzen und in den jeweils dafür vorgesehenen Kreis eintragen:*
*1 = dies lese und bearbeite ich zuerst;*
*2 = dies ist ebenfalls wichtig; ich lese und bearbeite es anschließend;*
*3 = dies hat im Moment für mich keine hohe Priorität.*

# Liebe Leserin, lieber Leser! 1

# Wollen Sie Ihren Arbeitsstil verändern?

»Zeitstreß – ade!« kann Ihnen helfen, Ihren Arbeitsstil zu verändern und mehr Zeit zu gewinnen.

1986 erschien die erste Auflage dieses Buches.

Nun liegt eine komplett überarbeitete Auflage von »Zeitstreß – ade!« vor Ihnen: Der bisherige Inhalt wurde um die Darstellung der Grundzüge des HelfRecht-Planungssystems ergänzt.

Das Thema »Zeitplanung« wird also in einem viel größeren Zusammenhang dargestellt, damit Sie als Leser einen noch größeren Nutzen beim Durcharbeiten dieses Praktiker-Handbuches haben. Sie können nun noch mehr mögliche Ursachen Ihres Zeitmangels erkennen und sie unter Berücksichtigung Ihrer persönlichen Prioritäten abstellen.

Dieses Buch wendet sich an all jene, die bereit sind, über ihren jetzigen Arbeitsstil kritisch nachzudenken.

- ☐ Es zeigt erfolgreichen Führungskräften Möglichkeiten auf, wie sie ihren Arbeitsstil noch verbessern können.
- ☐ Es vermittelt Personen, die sich in Routinetätigkeiten verschleißen, Anregungen, wie sie ihr Leben wieder mehr genießen können.
- ☐ Es überzeugt Skeptiker davon, daß planerisches Vorgehen vorteilhaft ist.

Viel Verständnis habe ich für all jene, die mit dem Begriff »Planen« ein Einengen ihrer persönlichen Entfaltungsmöglichkeiten verbinden.

Ich hatte vor vielen Jahren ähnliche Befürchtungen. Tatsache ist aber, daß wir in unserer arbeitsteiligen Welt sehr schnell von anderen verplant werden, wenn wir nicht selbst planen. Wir müssen also für uns die Maßstäbe setzen und selbst das durchführen, was für uns von besonderem Wert ist, um ein erfülltes Leben genießen zu können.

## Was ist »Planen«?

Unter »Planen« verstehen wir schriftliches Denken, also unsere Vorstellungen, Ideen oder Pläne schriftlich zu Papier zu bringen, denn nur so kann man in zeitlichen Abständen an ihnen feilen, sie verändern, sie verbessern – und sie schließlich auch Schritt für Schritt erfolgreich realisieren.

Ein gutes Planungssystem darf auf keinen Fall einengen, sondern muß jedem Anwender die Möglichkeit geben, seine individuellen Stärken zur Entfaltung zu bringen.

Ein gutes Planungssystem trägt daher besonders der Tatsache Rechnung, daß jeder seine individuellen Stärken hat; es schafft die Voraussetzungen, diese Werte zur Entfaltung zu bringen. Planen darf deshalb nicht einengen, sondern muß im Gegenteil die individuellen Stärken voll zur Entfaltung bringen.

Von entscheidender Bedeutung ist selbstverständlich für jeden Plan, welches Ziel wir verfolgen: Was wollen wir durch systematisches und konsequentes Vorgehen erreichen?

Auch wenn sich dieses Praktiker-Handbuch schwerpunktmäßig mit dem Thema »Zeitmanagement« auseinandersetzt, dürfen wir eines nicht übersehen: Probleme mit der Zeitplanung, zu lange Arbeitstage, zu viel Hektik und belastender Streß sind fast immer nur Symptome, also Folgeerscheinungen tiefer liegender Ursachen.

Wer über Zeitmangel klagt, sieht häufig nur Symptome. Die Ursachen des Zeitmangels liegen viel tiefer.

Deswegen nutzt es gar nichts, das Thema »Zeitplanung« nur unter dem Aspekt des besseren Umgangs mit der vorhandenen Zeit zu betrachten. Vielmehr muß man eine Stufe tiefer einsteigen, um die eigentlichen Ursachen für den Zeitmangel zu erkennen.

Was bringt es uns denn, wenn wir mit einer noch strafferen Zeit- und Terminplanung schneller zu Ergebnissen gelangen, die uns aber nach kritischer Betrachtung kaum oder gar nicht zu Zielen vorangebracht haben, die für unser Leben Bedeutung haben?

Bevor wir uns also mit dem Thema »Zeitplanung« beschäftigen, müssen erst andere Dinge abgeklärt und gewisse Grundlagen gelegt sein. Hiermit beschäftigt sich Kapitel 2: »Gestalten Sie Ihr berufliches und privates Leben«.

Jeder kann Anregungen aus diesem Buch auf seine persönliche Situation umsetzen.

Dieses Praktiker-Handbuch kann Ihnen keine Rezepte vermitteln, um bestimmte Situationen zu meistern oder auch Probleme in den Griff zu bekommen, denn letzten Endes befindet sich jeder Mensch in einer anderen, individuellen Situation. Was »Zeitstreß – ade!« jedoch leistet: Es bietet Ihnen eine Fülle von Anregungen, die Sie darauf prüfen sollten, ob und inwieweit sie auf Ihren Alltag übertragen werden können.

# Wie Sie mit diesem Buch arbeiten sollten

Zunächst aber noch einige Hinweise: In den Text des Buches eingestreut finden Sie immer wieder rot hervorgehobene Empfehlungen zur Erledigung verschiedener Aufgaben. Verwerten und nutzen Sie »Zeitstreß – ade!« mit Hilfe dieser Empfehlungen optimal für sich; folgen Sie den gemachten Anregungen und bearbeiten Sie die einzelnen Aufgaben mit Bleistift auf separaten DIN-A4-Blättern. Als Überschrift über Ihre Notizen können Sie beispielsweise den Text der neben der entsprechenden Empfehlung stehenden Marginalie wählen, die Sie auch im Inhaltsverzeichnis wiederfinden.

Ihre Ausarbeitungen können Sie dann in einem Schnellhefter oder Aktenordner abheften und später immer wieder ergänzen. Wenn Sie beispielsweise dieses Buch und die gemachten Empfehlungen nach einem gewissen Zeitraum (etwa ein Jahr) noch einmal durcharbeiten, werden Sie feststellen, daß Sie wertvolle neue Erkenntnisse in Ihre Ausarbeitungen einfließen lassen können. Sie können Ihren Notizen beliebig viele neue Blätter hinzufügen.

Es ist sinnvoll, für persönliche Ausarbeitungen einen gesonderten Ordner anzulegen. So können diese Ausarbeitungen vor unbefugtem Zugriff geschützt werden.

Ein weiterer Vorteil: Da Sie beim Bearbeiten der einzelnen Empfehlungen sicherlich auch viele vertrauliche und nur Sie persönlich betreffende Ausführungen machen werden (und auch sollten), können Sie den Ordner mit Ihren Notizen separat aufbewahren. Diese Unterlagen können dann nicht in unbefugte Hände gelangen.

Beim Bearbeiten der Empfehlungen sollten Sie zusätzlich Ihr Zeitplanbuch (mindestens aber einen Terminkalender, wenn Sie noch nicht mit einem Zeitplanbuch arbeiten) neben sich liegen haben. So können Sie sofort notieren, wann Sie was bearbeiten möchten.

Mit *kursiv* gesetzten Beispielen möchte ich Ihnen in diesem Buch zudem Orientierungshilfen bieten. Im Inhaltsverzeichnis gibt es deshalb auch eine Übersicht über Beispiele, damit Sie sie schneller finden.

Setzen Sie Schwerpunkte bei der Bearbeitung dieses Buches.

Und ein weiterer Hinweis: Im detaillierten Inhaltsverzeichnis haben wir neben jede Zwischenüberschrift mit Seitenangabe einen Kreis ○ gesetzt. Tragen Sie in diesen Kreis mit Bleistift eine Prioritätsziffer ein; Sie geben also an, in welcher Reihenfolge Sie die betreffenden Ausführungen durcharbeiten möchten.

Setzen Sie etwa die Ziffer 1 für alle jene Themenfelder, die Sie vorrangig bearbeiten möchten; eine 2 für die Bereiche, die Sie ebenfalls stark interessieren, die aber im Moment nicht so wichtig für Sie sind. Mit einer 3 versehen Sie schließlich all jene Ausführungen, die Sie im Moment wenig tangieren.

# Gestalten Sie Ihr berufliches und privates Leben

2

# Nicht den vierten vor dem ersten Schritt machen

Der in *Abbildung 1* dargestellte kybernetische Regelkreis zeigt Ihnen: Sie können sich davor bewahren, Zeit und Geld für Dinge zu investieren, die Ihnen letzten Endes weniger bedeuten, als Sie dafür aufwendeten.

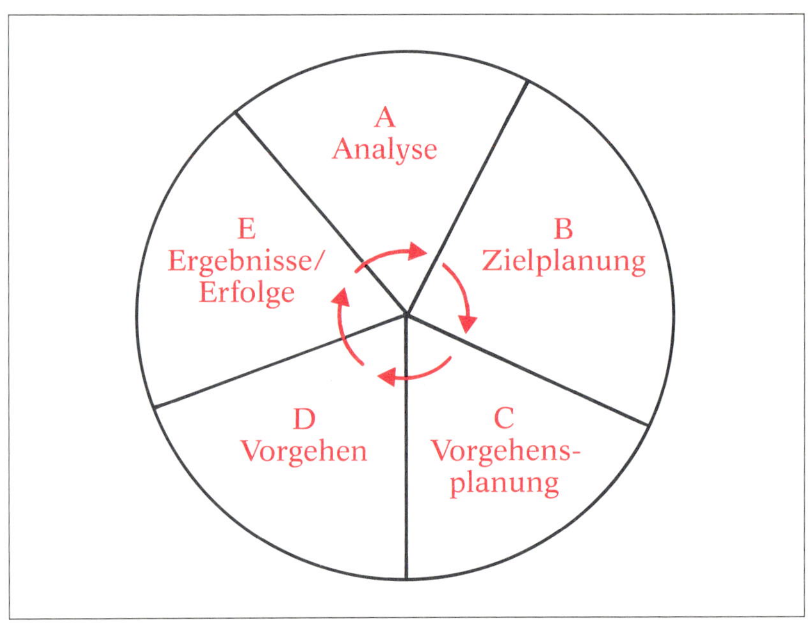


*Abbildung 1: Der kybernetische Regelkreis des HelfRecht-Planungssystems. Die nach diesem System erarbeiteten Ergebnisse (Segment E) sind gleichzeitig Ausgangssituation für neue Planungen.*

Sehen Sie sich doch einmal diesen Regelkreis an: In welche Stufe würden Sie das Thema »Zeit-/Terminplanung« einordnen? Richtig! In die vierte Stufe, also »Vorgehen«. Dieser Stufe vorgeschaltet sind jedoch drei für Ihren Erfolg äußerst wichtige Schritte: Analyse, Zielplanung und Vorgehensplanung.

Ein Abweichen von dieser Reihenfolge oder auch nur das Überspringen einer Stufe bringt erhebliche Nachteile – bis hin zu möglichen Mißerfolgen.

Für mich ist es immer wieder erstaunlich, wie wenig Menschen in der Lage sind, Wissen und Erkenntnisse, die in bestimmten Lebensbereichen selbstverständlich sind, auf andere Bereiche zu übertragen. Was meine ich damit? Ein Beispiel soll dies illustrieren:

*Wie geht ein Architekt beim Hausbau vor?*

*Stellen Sie sich vor, Sie möchten ein Haus bauen. Sie beauftragen einen Architekten mit der Planung, mit der Ausschreibung der durchzuführenden Arbeiten, mit der Baubetreuung bis hin zur Kontrolle der Abrechnungen.*

*Wie wird dieser Architekt vorgehen, damit Sie sich an Ihrem Haus erfreuen können?*

*Er wird sich zunächst genau den Baugrund ansehen. Mit welchem Untergrund ist zu rechnen? Er wird sich ferner sehr ausführlich mit Ihnen unterhalten, welche Wünsche Sie und Ihre Familie an Ihr Haus haben. Er wird sich über die örtlichen Baubestimmungen informieren und viele weitere Vorarbeiten erledigen. Dieser Architekt analysiert also sehr genau die Ausgangsbedingungen.*

*Diese sind dann für ihn das Rohmaterial, um Ihnen seine Pläne zur Diskussion und schließlich zur Freigabe vorlegen zu können. Im Gespräch mit Ihnen und Ihrer Familie wird die endgültig verbindliche Fassung verabschiedet; sie ist dann Basis für die Durchführung.*

*Wir stellen also fest: Die richtige Reihenfolge der ersten drei Stufen wird eingehalten: Analyse, Zielplanung, Vorgehensplanung. Erst dann schließt sich als vierte Stufe das eigentliche Bauen an (Stufe D: Vorgehen).*

Niemand käme auf den Gedanken, zuerst mit dem Bauen zu beginnen und sich dann erst die wichtigen Basisinformationen zu beschaffen. Aber Hand aufs Herz: Handeln wir in unserem Arbeitsalltag nicht häufig so, daß wir viele Aktivitäten einleiten – ohne uns vorher über unsere Ziele Gedanken gemacht zu haben?

Entschließen wir uns nicht häufig zu voreilig für die Realisierung eines Plans – ohne ein entsprechendes Ziel zu haben?

Und was geschieht häufig? Wir brechen verschiedene Vorhaben ab, weil wir erkennen, daß die Chancen für die Realisierung des Plans doch ungünstiger sind, als wir es uns ursprünglich gedacht hatten. Der Aufwand erscheint uns nun auf einmal zu groß – und viele andere Gründe sprechen plötzlich für das Abbrechen. Ist es daher nicht verständlich, wenn Hektik und Streß auftreten?

Sagen Sie bitte nicht, daß dieser Vergleich mit dem Architekten hinkt. Denn eines steht fest: Um einen beruflichen oder privaten Erfolg zu erarbeiten, über den wir uns lange freuen können, gibt es sicher mindestens genausoviele Faktoren, die erst einmal zusammengetragen und bewertet werden müssen, wie im Beispiel eines Neubaus.

Betrachten wir die fünf Stufen des HelfRecht-Planungssystems der Reihe nach.

# Analyse (A): Ermitteln Sie Ihre Stärken und Schwächen

Wo stehen Sie heute? Welche Stärken und Schwächen sind vorhanden? Welche Chancen erkennen Sie? Welche Risiken sind zu befürchten?

Wir können nicht isoliert leben, sondern brauchen die menschliche Gemeinschaft.

Kennen Sie Ihre Begabungsstärken und die Begabungsschwächen? Stellen Sie Ihr Licht nicht unter den Scheffel! Schon Goethe formulierte sinngemäß: Der isolierte Mensch kommt nicht ans Ziel. Mit anderen Worten: Wir Menschen sind nicht als Einsiedler geschaffen. Wir leben vielmehr in Gemeinschaften zusammen und sind in der Welt der Spezialisierung immer mehr auf ein gutes Zusammenarbeiten mit Partnern angewiesen. Hinzu kommt folgender, ganz entscheidender Aspekt:

Jeder Mensch ist einmalig – mit seinen Stärken und Schwächen.

Jeder Mensch ist einmalig. Diese Einmaligkeit zeigt sich bereits in Äußerlichkeiten, wie etwa dem Fingerabdruck: Unter Milliarden gleichzeitig lebender Menschen gibt es nicht zwei mit absolut gleichem Fingerabdruck. Wenn sich aber die Menschen schon in diesem, nur etwa einen Quadratzentimeter großen Stück der Hautoberfläche unterscheiden – wie vielschichtig müssen da erst die individuellen Charakter-Prägungen sein? Das bedeutet, daß jeder Mensch seine charakteristischen Merkmale hat, daß jeder Mensch letzten Endes einmalig ist mit seinen persönlichen Wünschen und seinen individuellen Bedürfnissen.

Allein diese Tatsache, daß kein Fingerabdruck zweimal anzutreffen ist, belegt die Individualität von uns Menschen. Jeder Mensch hat Stärken und Schwächen. Es gibt niemanden auf der Welt, der nur über Stärken verfügt. Entscheidend ist jedoch, daß jeder seine Begabungsstärken erkennt und sich beruflich dort betätigt, wo diese Stärken liegen.

Wer sich weiterentwickeln und persönliche Ziele erreichen will, muß seine Stärken und Schwächen kennen.

Ein weiteres kommt hinzu: Ohne die Kenntnis der persönlichen Stärken und Schwächen ist es nicht möglich, gedeihliche persönliche Ziele zu finden. Deshalb werden auch die Teilnehmer an den HelfRecht-Planungstagen aufgefordert, mittels einer umfangreichen Analyse ihre Begabungsstärken und -schwächen auszuloten, bevor sie lang-, mittel- und kurzfristige Ziele formulieren. Immer wieder zeigt sich dabei, daß es gerade für sehr wertvolle Menschen schwierig ist, ihre persönlichen Stärken zu erkennen und dann auch schriftlich zu formulieren.

Deshalb hatte der Philosoph Bertrand Russel offensichtlich recht, als er einmal sagte: »Es ist schon schlimm, daß die klugen Leute ihr Licht unter den Scheffel stellen und von den törichten, die ihre Meinung lauthals herausposaunen, so oft übertönt werden.«

Das folgende Beispiel illustriert dies:

*Viele Schwächen – keine Stärken?*

*So erinnere ich mich noch sehr gut an ein Gespräch mit einem Teilnehmer während der Planungstage, der sehr verunsichert auf mich zukam und ganz verzweifelt sagte, daß er an sich viele Schwächen, aber keinerlei Stärken feststellen könne.*

Leider ist dies kein Einzelfall. Falsche Bescheidenheit ist viel zu häufig anzutreffen bei denen, die eigentlich stolz auf ihr Können und ihre Stärken sein sollten.

Wie aber kann unsere Umgebung von uns, von unserer Leistungsfähigkeit, von unserem Leistungsvermögen, eine gute Meinung haben, wenn wir uns selbst unserer Werte nicht bewußt sind? Wo liegen nun Ihre Begabungen, die Sie in Ihren Zielformulierungen berücksichtigen müssen?

Empfehlung 1: Meine Begabungsstärken

Ich beschreibe auf einem Blatt meines Arbeitsblockes meine Begabungsstärken und beantworte dazu die folgenden Fragen:
a) Was mache ich gern?
b) Was mache ich gut?
c) Mit welchen der unter a) und b) beschriebenen Fähigkeiten biete ich anderen Menschen Nutzen?

Denken Sie bei dieser Arbeitsempfehlung daran: Was Sie gut machen, machen Sie sicherlich auch gern – und umgekehrt.

Nun gilt es, zusätzlich herauszufinden, welchen Menschen und/oder Personengruppen Sie mit den Fähigkeiten, die Sie unter a) und b) notiert haben, Nutzen bieten können.

Für die Bearbeitung dieser wichtigen Empfehlung sollten Sie sich Zeit nehmen und Ihre Aufzeichnungen immer wieder einmal ansehen und ergänzen. Denn was Sie hier beschreiben, ist letztlich der Schlüssel für Ihren Lebenserfolg und damit auch für Ihr richtiges Zeitmanagement.

*Sind Erfolge selbstverständlich?*

*Zurück zu jenem Teilnehmer an den HelfRecht-Planungstagen, der nicht wußte, welche Begabungsstärken er besaß. Das eigentliche Problem bestand ja nicht in einem Mangel an Stärken, sondern in einer falschen Bescheidenheit; alles, was er in seinem Leben erreicht hatte, war für ihn selbstverständlich.*

Zählen auch Sie zu den Menschen, die außergewöhnlich hohe Leistungsanforderungen an sich selbst stellen und die Meinung vertreten, Erfolge seien selbstverständlich? Wenn ja, dann haben Sie es zunächst einmal sehr schwer, Ihre persönlichen Begabungsstärken zu beschreiben.

Um diese Hürde zu überwinden, mache ich die folgenden Anregungen.

Sehen Sie nichts als selbstverständlich an!

Fragen Sie sich:

- ☐ Was schätzt Ihre Umwelt an Ihnen, was machen Sie anders (besser) als andere?
- ☐ In welchen Situationen, bei welchen Arbeiten, bei Gesprächen mit welchen Personen fühlen sie sich wohl – vielleicht sogar überlegen und souverän?
- ☐ Welche Arbeiten lassen Sie bestimmt nicht liegen?
- ☐ Mit welchen Aufgaben werden Sie immer wieder betraut?

Konnten Sie durch die Beantwortung dieser Fragen einige Ansätze für die Formulierung Ihrer persönlichen Begabungsstärken erkennen? Und wenn Sie schon etwas bei der ersten Arbeitsempfehlung formuliert haben, können Sie gegebenenfalls Ihre Angaben ergänzen.

# Begabungen sind immer umweltbezogen

Mit der Frage nach dem Nutzen für andere kommt der *entscheidende Erfolgsfaktor* hinzu: Sie können noch so begabt für die Erledigung einer Aufgabe sein; wenn diese Fähigkeit aber von niemandem nachgefragt wird, werden Sie auf Ihrem Nutzenangebot sitzenbleiben.

Wie kann ich die Bedürfnisse meiner Umwelt am besten befriedigen?

Daher müssen Sie sich ständig Gedanken darüber machen, wie die Bedürfnisse Ihrer Umwelt befriedigt werden können und wo es Verwertungsmöglichkeiten Ihrer Begabungsstärken in der betreffenden Umwelt gibt.

Wir wissen, daß im Wirtschaftsleben nur eines beständig ist: der Wandel. Das heißt also, daß unsere Begabungsstärken und die Bedürfnisse unserer Umwelt keine festen Größen sind, die immer gleichbleiben, sondern daß wir diese Faktoren ständig im Auge behalten müssen, um unser Leistungsangebot bei Bedarf anzupassen.

Das folgende Beispiel soll dies noch einmal verdeutlichen:

*Begabungsstärken entscheiden nicht allein über den Erfolg*

*Ein Personalleiter mit außergewöhnlichen Begabungsstärken in seinem Fachgebiet – er kann zum Beispiel Menschen sehr gut und sicher beurteilen, gerecht führen und sie ausgezeichnet motivieren – ist in einem Betrieb tätig, in dem der Inhaber über genau die gleichen Begabungsstärken wie der Personalleiter verfügt.*

*Es ist zu erwarten, daß sich der Personalleiter innerhalb kürzester Zeit überflüssig vorkommt, da diese Begabungsstärken in dem betreffenden Unternehmen bereits vorhanden sind.*

*Der gleiche Personalleiter kann sich dagegen in einem anderen Betrieb, in dem der Unternehmer ausgeprägte Begabungsstärken auf anderen Gebieten besitzt – Entwicklung von Produkten, Optimierung der Fertigungseinrichtungen – optimal entfalten, weil seine Stärken hier gefragt sind.*

Es hängt also nicht allein von unseren Begabungsstärken ab, ob wir erfolgreich sind, sondern es kommt als entscheidender zweiter Faktor hinzu: das Umfeld, in dem wir tätig sind. Auch diese Erkenntnisse müssen in Ihre Ziele einfließen.

Partner müssen sich gegenseitig ergänzen und sollten nicht die gleichen Stärken oder Schwächen aufweisen.

Erst das Wissen um die eigenen Stärken und Schwächen – also um unser Begabungsprofil – versetzt uns in die Lage, die richtigen beruflichen Partner zu finden, die uns bei unseren beruflichen Aufgaben ideal ergänzen. Ideal deshalb, weil sie genau dort Stärken besitzen, wo wir Schwächen haben – und umgekehrt.

In unserer sehr spezialisierten Arbeitswelt ist es wichtig, sich mit den richtigen Partnern zu umgeben. Es gibt keine guten und schlechten Mitarbeiter oder Partner; es gibt nur Mitarbeiter oder Partner, die unser Begabungsprofil gut ergänzen oder die unter Umständen deshalb nicht zu uns passen, weil sie die gleichen Begabungsprägungen haben.

»Gleich und gleich gesellt sich gern« – für ein Unternehmen ist das nicht der richtige Sinnspruch, eher: »Gegensätze ziehen sich an.«

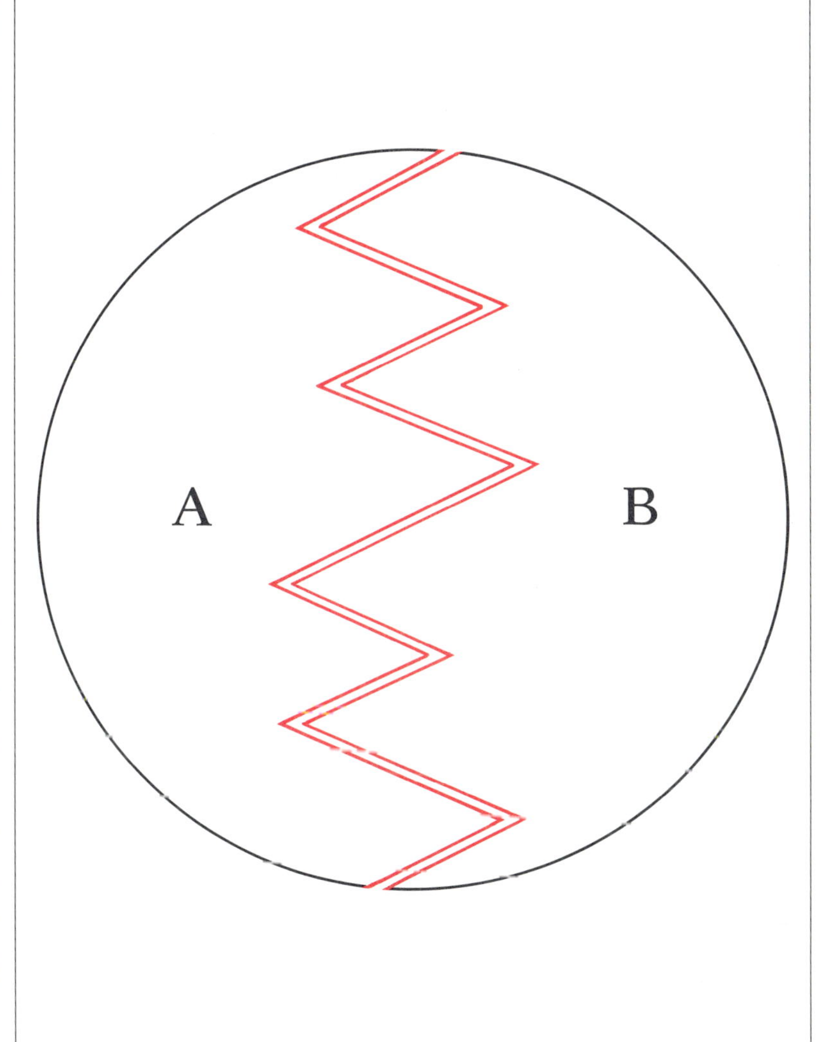


*Abbildung 2: Die beiden Partner A und B ergänzen sich durch ihre Begabungen.*

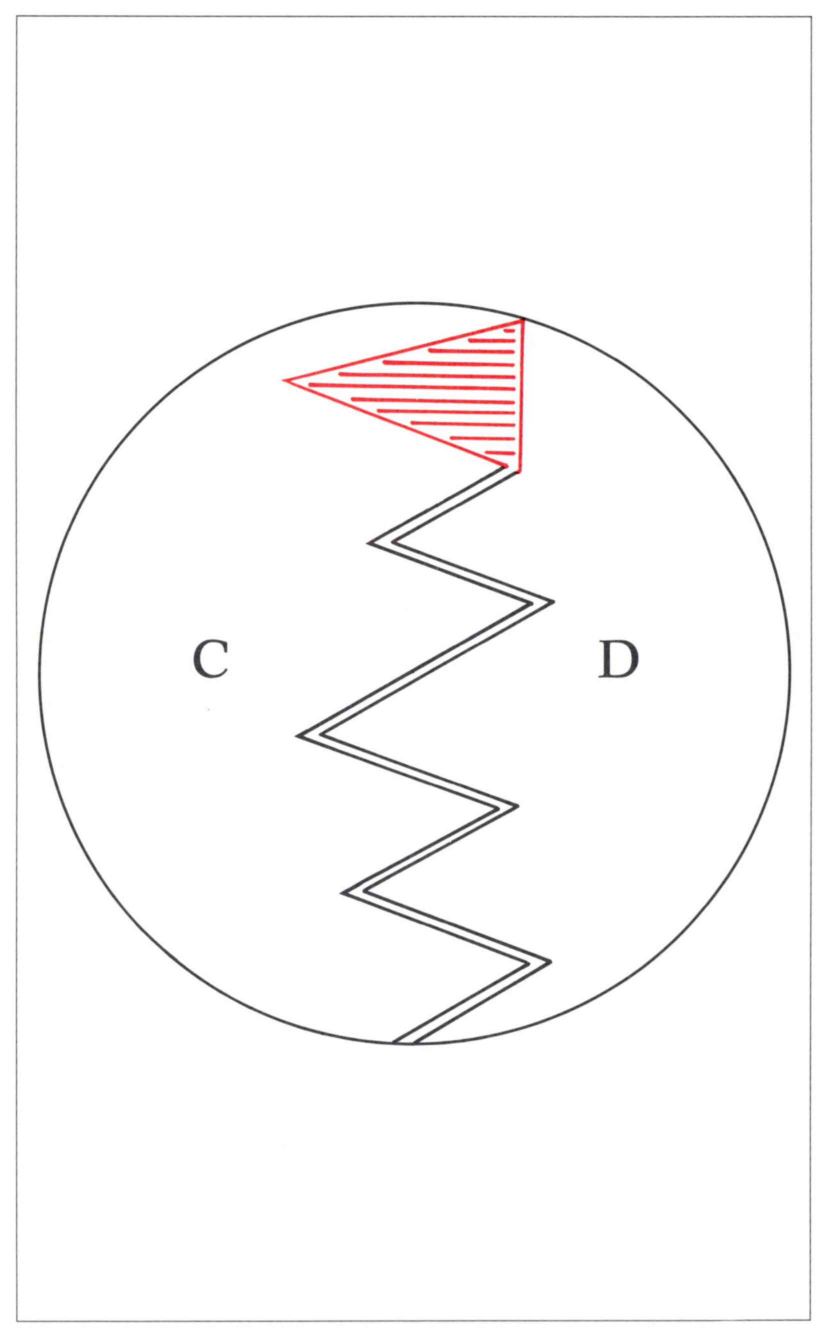


*Abbildung 3: Begabungslücke, die weder vom Partner C, noch vom Partner D abgedeckt wird.*

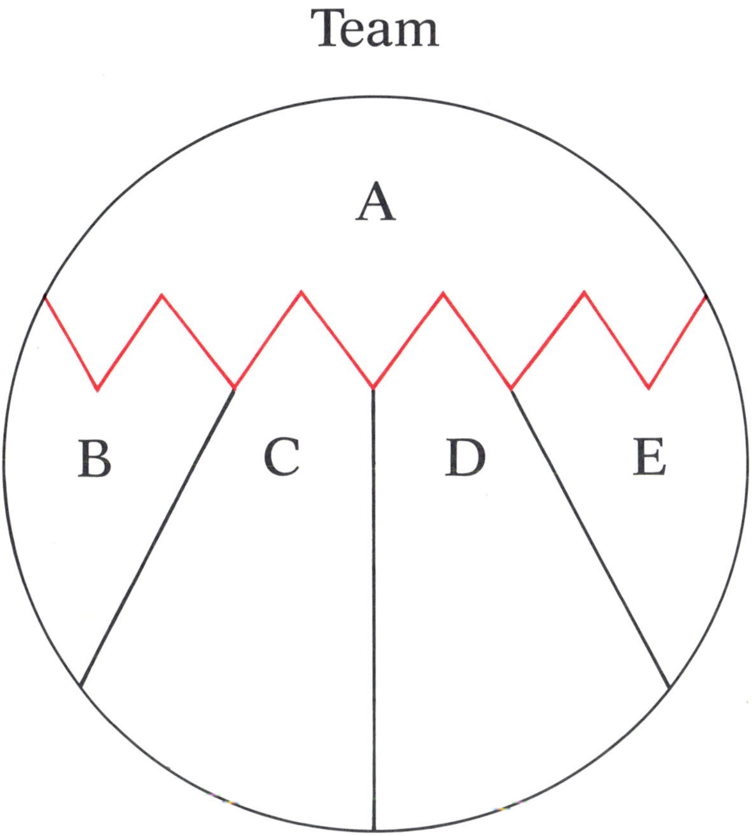

Team

A

B C D E

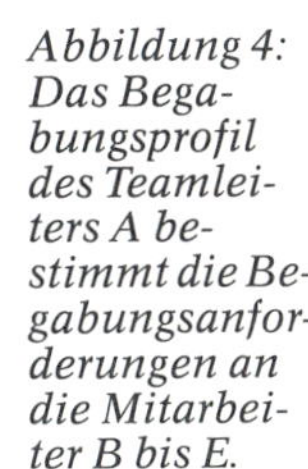

*Abbildung 4: Das Begabungsprofil des Teamleiters A bestimmt die Begabungsanforderungen an die Mitarbeiter B bis E.*

Es entsteht ein schlagkräftiges Team, wenn Stärken sich ergänzen und Schwächen gegenseitig abgedeckt werden.

Eine alte Weisheit sagt: 1 + 1 ergeben bei der Addition des Leistungsvermögens verschiedener Menschen nicht 2, sondern die Leistungen potenzieren sich, wenn sich die richtigen Partner mit ergänzenden Begabungen gefunden haben. Gegenseitige Begabungsstärken ergänzen sich; ein schlagkräftiges Team entsteht. Das trifft für zwei Personen genauso zu wie für eine größere Gruppe.

Um die richtigen Partner zu finden, geht es nun darum, zunächst einmal die eigene Position genau zu kennen. Sie müssen also zuerst ermitteln, wo Ihre eigenen Stärken und Schwächen liegen; erst dann können Sie gezielt einen Partner suchen, der Ihre Schwächen durch Stärken abdeckt.

Das hört sich sehr theoretisch an, aber es führt kein Weg daran vorbei, sich mit dem Wert von Partnerschaften sehr gründlich zu beschäftigen und die richtigen Partner *gezielt* zu suchen. Das verlangt Zeit, die aber unbedingt investiert werden muß, wenn Sie durch geeignete Partner bei der Realisierung Ihrer Ziele unterstützt werden wollen.

Aber wie sieht es in der Realität aus?

Über den Kauf einer Maschine wird oft intensiver nachgedacht als über die Besetzung einer neuen Stelle.

Mit welcher Sorgfalt wird einerseits oft versucht, im materiellen Bereich Fehlinvestitionen (Maschinen, Gebäude, Geräte) zu verhindern? Wie sorglos wird andererseits in vielen Fällen bei der Besetzung von neuen Stellen vorgegangen? Und das, obwohl im Verantwortungsbereich einer Führungskraft die Aufgabe der Auswahl, Führung und Motivation der Mitarbeiter einen sehr hohen Stellenwert hat.

Es ist für mich deshalb immer wieder erschütternd, wie leichtfertig gerade in mittelständischen Betrieben Personalentscheidungen getroffen werden, die für alle Betroffenen weitreichende Folgen haben.



## Unser Lebenslauf – eine Fundgrube zum Erkennen unserer Begabungsstärken

Wann fühlten wir uns sicher, wann schwach?

Deutlich erkennen wir unsere Stärken, wenn wir zusammenstellen, in welchen Situationen wir uns sicher fühlten, wann wir erfolgreich waren, wo wir besondere Anerkennung erfuhren.

Schwächen werden uns bewußt, wenn wir die Mißerfolge bedenken und uns bewußt werden, in welchen Situationen, bei welchen Personen wir uns unterlegen fühlten.

Bearbeiten Sie bitte auf Ihrem Notizblock die folgenden Empfehlungen. Sie werden dadurch Ihre Erkenntnisse über Ihre persönlichen Stärken noch vertiefen.

Empfehlung 2: Meine positiven Lebensstationen

Meine wichtigsten (etwa vier bis sechs) *positiven* Lebensstationen:
Wann fühlte ich mich überlegen?
Wann hatte ich Erfolge?
Mit welchen Personen harmonierte ich besonders gut?

Soweit ich mich erinnern kann, schreibe ich zu den einzelnen Erlebnissen auch die Jahreszahl.

Empfehlung 3: Meine negativen Lebensstationen

Welche wichtigsten (etwa vier bis sechs) *negativen* Lebensstationen gab es bei mir?
Wann fühlte ich mich unterlegen?
Wann hatte ich Mißerfolge?
Mit welchen Personen gab es Konflikte?

Soweit es möglich ist, gebe ich auch hier die jeweiligen Jahreszahlen an.

Empfehlung 4: Private Situation: meine Chancen

Welche Chancen, günstigen Umstände und Vorteile empfinde ich in meiner derzeitigen *privaten* Situation?

Empfehlung 5: Private Situation: meine Probleme

Welche Mängel, Probleme, Schwierigkeiten und Gefahren empfinde ich in meiner derzeitigen *privaten* Situation?

Empfehlung 6: Berufliche Situation: meine Chancen

Welche Chancen, günstigen Umstände und Vorteile empfinde ich in meiner derzeitigen *beruflichen* Situation?

Empfehlung 7: Berufliche Situation: meine Probleme

Welche Mängel, Probleme, Schwierigkeiten und Gefahren empfinde ich in meiner derzeitigen *beruflichen* Situation?

Ergänzen Sie bitte die von Ihnen aufgrund der verschiedenen Arbeitsempfehlungen beschriebenen Blätter immer wieder mit Ihren neuen Erkenntnissen, damit Ihre Liste der Stärken und Schwächen Ihnen wichtige Hinweise für Ihre Zielpläne liefern kann.

Nicht alle Schwächen müssen abgestellt werden.

Aber bedenken Sie noch einmal: jeder Mensch hat Stärken *und* Schwächen. Investieren Sie deshalb keine Zeit und kein Geld, um jene Schwächen abzustellen, die Sie in Ihrem beruflichen und privaten Vorankommen nicht behindern.

Konzentrieren Sie sich statt dessen nur auf jenen sicherlich kleinen Anteil Ihrer Aktivitäten, der noch verbesserungsbedürftig und -fähig ist. Denn Planen darf kein Selbstzweck sein; wir sollten nur dort Aktivitäten entfalten, wo wir unsere Situation verändern, also verbessern wollen und können.

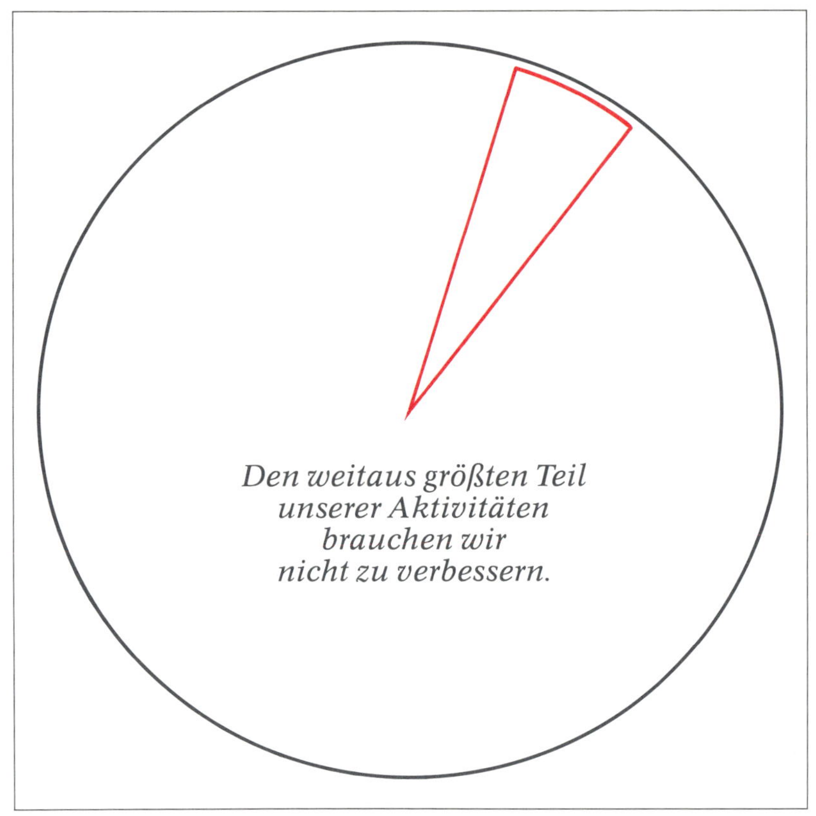


*Abbildung 5: Die meisten unserer Aktivitäten sind in Ordnung; nur ein kleiner Teil ist verbesserungsbedürftig.*

Empfehlung 8: Liste meiner kurz-, mittel-, langfristigen Aufgaben.

Aus den vorangegangenen Ausarbeitungen ergeben sich für mich Aktivitäten, die ich kurzfristig (k), mittelfristig (m) oder langfristig (l) bearbeiten möchte. Ich erstelle eine Liste der Aufgaben und setze das jeweilige Kurzzeichen (k/m/l) hinter diese Aufgaben. Kurzfristig bedeutet: Bearbeitung innerhalb des nächsten Jahres; mittelfristig: innerhalb von sieben Jahren; langfristig: über den mittelfristigen Planungsrahmen hinaus.

# Zielplanung (B): Wer kein Ziel hat, verläuft sich

Erfolgreiche Persönlichkeiten zeichnen sich dadurch aus, daß sie auf dem Gebiet ihrer Begabungsstärken tätig sind und klare Ziele haben. Wie bezeichnet der Volksmund einen Menschen, der unbeirrt seinen Weg erfolgreich voranschreitet? Von ihm sagt man: »Der wußte schon immer, was er wollte.«

Schriftliche Pläne sparen Zeit, Geld und Energie.

Es gibt keine Alternative zu schriftlichen Zielplänen, wenn wir uns Umwege, die Geld und Zeit kosten, ersparen wollen.

Selbstverständlich müssen wir für das schriftliche Planen eine gewisse Zeit aufwenden, die jedoch bestens angelegt ist: Wir minimieren das Risiko, Vorhaben, die nicht ausreichend schriftlich bedacht wurden, abbrechen zu müssen, weil wir während der Durchführungsphase feststellen, daß uns verschiedene Voraussetzungen zu der Realisierung des entsprechenden Planes noch fehlen.

Schnell wird deutlich, was realisierbar ist.

Die meisten Vorhaben lassen sich schriftlich so aufgliedern, daß man deutlich erkennen kann, ob die Zeit für die Durchführung reif ist oder ob noch weitere Vorarbeiten notwendig sind.

Durch das schriftliche Planen kann man das Scheitern einer Aufgabe nicht vollständig ausschließen, aber doch ganz wesentlich reduzieren gegenüber einem ungeplanten Vorgehen.

Wenn man die Geld-, Zeit- und häufig auch die Imageverluste in diese Betrachtung mit einbezieht, so wird man schnell erkennen, daß sich der Aufwand des schriftlichen Planens in aller Regel auszahlt: Ziele sind unser Orientierungsrahmen für unser tägliches Handeln.

Am Anfang steht die Formulierung des Lebensziels.

Beginnen Sie also ein langfristiges Ziel – ein Lebensziel – aufzustellen. Das wird Ihnen sicher dann schwerfallen, wenn Sie sich bisher noch keine schriftlichen Gedanken gemacht haben, wo Sie im Alter von etwa 80 Jahren stehen wollen. Leichter fällt es Ihnen sicher, mittel-, insbesondere aber kurzfristige Ziele niederzuschreiben. Aber kurz- und mittelfristige Ziele können wir eben erst dann sinnvoll festlegen, wenn der langfristige Orientierungsrahmen steht.

Das langfristige Ziel, das Lebensziel, muß deshalb zuerst formuliert werden, bevor daraus Unterziele – Periodenzielpläne (Sieben-Jahres-Ziele) oder Jahreszielpläne – abgeleitet werden.

Gewiß sind langfristige Ziele nicht in klar meßbare Größenordnungen wie beispielsweise Jahresziele zu fassen; die langfristigen Zielformulierungen können nur recht global sein.

# Gedeihliche Ziele müssen ausgewogen sein

Wir haben bereits festgehalten, daß jeder Mensch einmalig ist mit seinen Fähigkeiten, Stärken und Schwächen – und auch mit seinen Bedürfnissen.

Daraus folgt, daß jeder Leser dieses Buches bei der Formulierung seiner Ziele im persönlichen und beruflichen Bereich zwangsläufig andere Schwerpunkte setzen wird.

Auch bei der Formulierung des Lebensziels sind die Bedürfnisse der Umwelt zu beachten.

Wichtig erscheint mir bei den Zielformulierungen, sehr gründlich darüber nachzudenken, welche Bedürfnisse Ihre Umwelt und gerade auch Ihre privaten Partner haben. Oft sind wir zu stark auf Karriereziele, auf höheren Umsatz oder höheren Gewinn – kurz gesagt auf materielle Ziele – fixiert und vernachlässigen dabei nicht selten entscheidende Erfolgsfaktoren, die für unser Leben ebenfalls wichtig sind.

In Ihren Zielen sollten Sie deshalb vier Gesichtspunkte ausgewogen berücksichtigen:

- □ materieller Aspekt,
- □ mitmenschlicher Aspekt,
- □ Anerkennungs-Aspekt,
- □ gesundheitlicher Aspekt.

Die Reihenfolge dieser vier Gesichtspunkte stellt keine Rangfolge dar. Im Gegenteil: Jeder kann aufgrund seiner persönlichen Situation entscheiden, welche Schwerpunkte er setzt. Diese Schwerpunkte werden sich sogar aufgrund der jeweiligen Lebenssituation von Zeit zu Zeit immer wieder verschieben. Einmal kann der gesundheitliche Aspekt oberste Priorität haben, dann steht wieder das Materielle im Vordergrund.

Eigene und fremde Bedürfnisse ausgewogen betrachten.

Besonders wichtig ist aber stets bei der Formulierung der Ziele, auf Ausgewogenheit zu achten: Sowohl die eigenen Bedürfnisse als auch die unserer Partner müssen berücksichtigt werden.

## Kein Lebenserfolg ohne klares Lebensziel

Zu Recht fragen Sie sich nun gewiß, wie Sie ein solches Lebensziel erstellen. Und dabei ist es eigentlich ganz einfach: Versetzen Sie sich gedanklich in Ihr 80. Lebensjahr und schauen Sie auf Ihr Leben zurück – und zwar auf ein Leben, das Sie als besonders gelungen ansehen.

Machen Sie ein Zielfoto mit Worten!

Und nun gehen Sie an das Formulieren Ihrer Ziele – aber so, als ob Sie diese Ziele bereits erreicht hätten. Auch bei Ihren Zielformulierungen denken Sie bitte an die vier zuvor genannten Aspekte (materiell, mitmenschlich, Anerkennung, Gesundheit).

Sie beschreiben in Ihrem Lebensziel, in welcher Situation Sie sich also im Alter von etwa 80 Jahren befinden möchten, formulieren aber in der Gegenwartsform:

»Ich habe erreicht, ...«

»Ich genieße meine stabile Gesundheit. Dadurch bin ich in der Lage, folgendes noch zu tun: ...«

»Ich freue mich über meine materielle Unabhängigkeit. Sie erlaubt mir ...«

»Anerkennung erhalte ich noch in reichem Maße von ... (welchen Personen?) für ... (welche Leistungen?).«

»Die mitmenschlichen Kontakte sind für mich eine besondere Kraftquelle. Ich freue mich über ...«

Empfehlung 9: Mein Lebenszielplan

Mein Lebenszielplan: Auf einer DIN-A4-Seite schreibe ich nieder, wo ich im Alter von 80 Jahren stehen möchte. Ich formuliere die materiellen, Anerkennungs-, mitmenschlichen und Gesundheits-Ziele in Gegenwartsform und drücke dabei aus, was mir das Erreichen dieser Ziele bedeutet.

Die Lebensziele sollten bewußt hoch gesteckte Ziele, ja Traumziele sein. Es ist nicht entscheidend, ob wir je diese Ziele erreichen, denn wer sagt uns schon, wann unsere Lebensuhr abgelaufen ist? Wichtig jedoch ist, daß wir den Weg zu unseren lockenden Lebenszielen genießen, die uns Lebensfreude bedeuten. Jeder Tag soll ein Schritt in Richtung auf unser Lebensziel, ein Erfolgsbaustein, sein.

Kein Ziel kann zu hoch sein.

Träumen Sie: Stellen Sie sich vor Ihrem inneren Auge so plastisch wie möglich vor, besonders günstige Umstände ermöglichten Ihnen die Realisierung von Wünschen, die Ihnen vielleicht aus der augenblicklichen Situation utopisch erscheinen. Dies wird besonders schwer für Sie sein, wenn Sie in Ihrer Kindheit immer schon dazu angehalten wurden, bescheiden zu sein und sich mit dem zufrieden zu geben, was Sie besitzen. Versuchen Sie dennoch, ein besonders hohes und verlockendes Ziel zu formulieren, dessen Erreichen Lebensglück und Lebensfreude für Sie bedeutet. Wagen Sie sich Schritt für Schritt an diese schwierige Aufgabe heran.

Sollte es Ihnen im ersten Anlauf nicht sehr befriedigend gelingen, ein Traumziel niederzuschreiben, so behalten Sie diese wichtige Aufgabe einer Lebenszielplan-Formulierung sorgfältig im Auge. Ergänzen Sie das, was Sie niedergeschrieben haben, immer wieder in zeitlichen Abständen von Tagen oder auch Wochen, bis Sie das für Sie richtige Ziel gefunden haben. Seien Sie – noch einmal gesagt – sehr mutig. Denn wenn Sie bei der Beschreibung Ihrer Lebensziele sehr zaghaft waren und schon innerhalb kurzer Zeit diese Ziele erreicht haben, bevor Sie neue Ziele niederschreiben, so fehlt Ihnen dann zu diesem Zeitpunkt vollkommen die Orientierung. Sie stehen wie vor einem leeren Raum und fragen sich, was nach der Zielerreichung eigentlich noch kommen kann.

Zaghaft formulierte Ziele sind in vielen Fällen schnell erreicht und machen Sie bald ziellos.

Nichts ist also schlimmer, nichts verunsichert Sie mehr, als irgendwann alles erreicht zu haben und keine neuen, lockenden Ziele mehr zu kennen. Jeder Mensch wird in dieser Situation orientierungslos, er wird extrem hilflos. Wenn Sie sich umschauen: Ist das nicht ein heute leider sehr häufig anzutreffendes Leid vieler Menschen?

Lassen Sie sich bei der Formulierung Ihrer Lebensziele von der Aussage Herbert von Karajans beflügeln. Er sagte sinngemäß: Wer alle seine Ziele im Leben erreicht hat, hat sie zu niedrig angesetzt.

# In Sieben-Jahres-Schritten planen

Um die großen Ziele zu realisieren, müssen sie in Teilziele untergliedert werden.

Die in unserem Lebenszielplan formulierten hohen Traumziele dürfen natürlich nicht »in den Wolken« steckenbleiben; wir müssen diese lockenden Ziele vielmehr in Teilschritte untergliedern: in Sieben-Jahres-Pläne; also Ziele, die nach sieben Jahren erreicht sein sollten (Periodenzielpläne). Schreiben Sie jene Vorhaben auf, die Sie unter günstigen Voraussetzungen in diesem Zeitraum realisieren können.

Jedes Etappenziel, jedes Sieben-Jahres- oder Periodenziel, soll Sie selbstverständlich einen wesentlichen Schritt in Richtung Ihres Lebenszieles voranbringen.

Für Periodenzielpläne spricht ein wichtiger Gesichtspunkt: Häufig werden gerade von Führungskräften kleiner und mittelständischer Unternehmen die unternehmerischen Jahreszielpläne überladen. Viele Positionen der Jahreszielpläne wären besser in einem mittelfristigen Zielrahmen, also dem Periodenzielplan, aufgehoben, wie etwa das Erschließen neuer Märkte, eine wesentliche Veränderung der Eigenkapitalquote und ähnliche Ziele.

Bitte bearbeiten Sie nun eine weitere Empfehlung:

Empfehlung 10: Mein Periodenzielplan

Mein Periodenzielplan für die nächsten sieben Jahre: Hier formuliere ich den angestrebten Endzustand. Welche wesentlichen Schritte möchte ich in den nächsten sieben Jahren zur Realisierung meines Lebenszieles machen? Auch hier formuliere ich den angestrebten Endzustand: »Ich habe erreicht, daß ...«

Was kann ich mir vornehmen, was ist unter günstigen Voraussetzungen zu schaffen? Auch hier bedenke ich die vier Aspekte: materiell, mitmenschlich, Anerkennung, Gesundheit.

## Was ist in einem Jahr machbar?

Ziele sind Orientierungshilfen für unser tägliches Handeln. Im Jahreszielplan werden die lang- und mittelfristigen Ziele in machbare Detailschritte aufgeteilt. Besonders wichtig ist dabei, daß diese Detailziele soweit wie möglich in meßbaren Größenordnungen ausgedrückt werden.

Jährlich einen Schritt auf dem großen Weg zum Lebensziel gehen.

Anstelle einer Zielformulierung, wie etwa »Neukunden-Gewinnung«, sollte es also präzise heißen: »Im Jahr ... gewinne ich ... (Anzahl) Neukunden.« Der Grund für eine solche Formulierung ist einsichtig: Nur mit klaren Zielen kann ich auch erkennen, ob ich die richtigen Maßnahmen eingeleitet habe, um das Ziel zu erreichen; ständig kann ich überprüfen, wie ich auf dem Weg zu meinem Ziel vorangekommen bin. Stelle ich fest, daß die Zielerreichung gefährdet erscheint, muß ich nach weiteren oder anderen Mitteln und Maßnahmen suchen, um das Ziel dennoch zu realisieren.

Sehr häufig werden, wie schon einmal erwähnt, die Jahreszielpläne überladen: man nimmt sich zu viele Aufgaben vor. Damit nicht unter

Umständen sogar die wichtigsten »auf der Strecke« bleiben, empfiehlt es sich deshalb, jede Jahresziel-Position mit einer Priorität zu versehen. Eine »1« geben Sie etwa jenen Zielen, die auf jeden Fall im betreffenden Jahr erreicht werden müssen; eine »2« solchen Zielen, die Sie verwirklichen wollen und schließlich eine »3« den Aufgaben, die eventuell auf das nächste Jahr übertragen werden können.

Ein Beispiel, wie Sie es nicht machen sollten:

*Jahresziel-pläne dürfen nicht überladen sein.*

*In einem Beratungsgespräch beklagte sich bei mir ein Unternehmer darüber, daß es ihm mit seiner Mannschaft bei weitem nicht gelungen sei, die angestrebten Jahresziele zu erreichen. Nur knapp 50 Prozent der Ziele konnten realisiert werden. Er fragte mich, was er und seine Führungsmannschaft falsch gemacht hätten.*

*Ich staunte nicht schlecht, als ich von ihm erfuhr, was man sich für das betreffende Jahr vorgenommen hatte. Es gab nämlich über 60 teilweise recht umfangreiche Positionen im Jahreszielplan. Davon war also rund die Hälfte nicht erledigt worden.*

*Mein Gesprächspartner war überrascht, als ich ihn nach Durchsicht seiner Aufzeichnungen beglückwünschte. Die erreichten Ziele waren auch alle Anerkennung wert; der Jahreszielplan war einfach von vornherein vollkommen überladen.*

*Es spricht für diesen Unternehmer und seinen Führungsstil, daß er keine Probleme in der Mitarbeiterführung bekommen hat, obwohl er seine Mitarbeiter und sich selbst extrem über-*

*fordert hatte. Empfehlen möchte ich Ihnen ein solches Vorgehen aber auf keinen Fall.*

Nehmen Sie sich lieber wenig Ziele für ein Jahr vor und sammeln Sie rechtzeitig Ideen für die Zielpläne des Folgejahres. Dann können Sie – falls tatsächlich gegen Ende eines Jahres alle Positionen des Jahreszielplans vorzeitig erreicht sind – doch ohne weiteres Detailziele des Folgejahres vorziehen. Bewirkt das nicht letzten Endes eine höhere Motivation und ein besseres Arbeitsergebnis, als wenn Ihre Mitarbeiter und Sie permanent mit dem Gefühl arbeiten müßten, die Fülle der Jahresziel-Positionen doch nicht zu erreichen? Bitte schreiben Sie nun auf getrennte DIN-A4-Blätter Ihre Ausführungen zu folgenden Empfehlungen:

Empfehlung 11: Mein privater Jahreszielplan

Meine *privaten* Ziele für das Jahr ...

Diese Ziele formuliere ich aufgrund der von mir beschriebenen Mängel, Probleme, Schwierigkeiten und Chancen sowie auf der Grundlage des Perioden- und des Lebenszielplanes. Auch hier beachte ich wieder die vier Aspekte: materiell, mitmenschlich, Anerkennung, Gesundheit.

Empfehlung 12: Mein beruflicher Jahreszielplan

Meine *beruflichen* Ziele für das Jahr ...

Diese Ziele formuliere ich aufgrund der von mir beschriebenen Mängel, Probleme, Schwierigkeiten und Chancen sowie auf der Grundlage des Perioden- und des Lebenszielplanes. Auch hier beachte ich wieder die vier Aspekte: materiell, mitmenschlich, Anerkennung, Gesundheit.

Aber nicht nur für den privaten und beruflichen Bereich sollten Sie Jahresziele (sowie Perioden- und Lebensziele) formulieren, sondern auch für Ihr Unternehmen oder Ihren Unternehmensbereich. Denn auch ein Unternehmen braucht – wie Sie – lang-, mittel- und kurzfristige Orientierungen, um erfolgreich am Markt bestehen zu können.

Auch für Ihr Unternehmen sollten Sie einen Jahreszielplan formulieren.

Die unternehmerischen Jahresziele dienen Ihnen und selbstverständlich auch Ihren Mitarbeitern als der entscheidende Handlungsrahmen. Das bedeutet aber zugleich, daß Ihre Mitarbeiter die Jahresziele kennen müssen – denn wie sonst sollten sie sich orientieren können?

Ideal ist es, daß Sie bei der Erstellung von Jahreszielplänen für Ihr Unternehmen oder Ihren Unternehmensbereich wie folgt vorgehen: Den ersten Jahreszielplan erstellen Sie als Führungskraft allein und erläutern diesen Plan Ihren Mitarbeitern. Gleichzeitig bitten Sie die Mitarbeiter, während des Geschäftsjahres Ideen für das Folgejahr zu sammeln und sie vor Abschluß des alten Geschäftsjahres an Sie zu melden. Ihre Aufgabe sollte dann sein, aus den verschiedenen Ideen Ihrer Mitarbeiter und Ihren eigenen Vorstellungen ein Grobkonzept zu erstellen, das Sie schließlich mit Ihren Mitarbeitern endgültig besprechen und verabschieden.

Positiv wirkt es sich aus, wenn Sie Ihre Mitarbeiter in die Erstellung des Jahreszielplans einbeziehen.

Sie erreichen dadurch – da Sie Ihre Mitarbeiter in die Jahresziel-Erarbeitung mit einbezogen haben – eine viel höhere Identifikation Ihrer Mitarbeiter mit den Zielen. Das Erreichen der Ziele wird damit ganz wesentlich erleichtert.

Im nächsten Schritt – das hängt aber von der Betriebsgröße ab – kann es durchaus sein, daß Ideen für die Jahresziele überwiegend von Ihren Mitarbeitern kommen und Sie dann nur noch den Feinschliff in Form des Jahreszielplans machen. Streben Sie zu Ihrer zeitlichen Entlastung möglichst schnell diese Idealsituation an. Dafür ist es aber unerläßlich, daß Sie zu Beginn selbst Zielpläne erstellen, um Ihren Mitarbeitern eine Orientierungshilfe zu geben.

Auch die Bekanntgabe der unternehmerischen Jahresziele wirkt motivierend.

Die Erfahrungen in einer Vielzahl von Unternehmen beweisen es: Die Bekanntgabe von Zielen und die Mitwirkung der Mitarbeiter an der Formulierung der Ziele hat gerade im unternehmerischen Bereich äußerst positive Wirkungen.

Zurück aber nun zu Ihrem persönlichen Bereich: Gerade hier werden Sie feststellen, welche positiven Auswirkungen es für Sie hat, wenn Sie persönliche Ziele planen. Ablenkungen werden weitgehend unwirksam; Sie wissen, was Sie wollen und streben diese Ziele konsequent an. Mit Ihren klaren Zielen haben Sie Handlungs- und Orientierungshilfen; Sie wissen, was Sie Ihren Zielen näher bringt und was Sie davon entfernt.

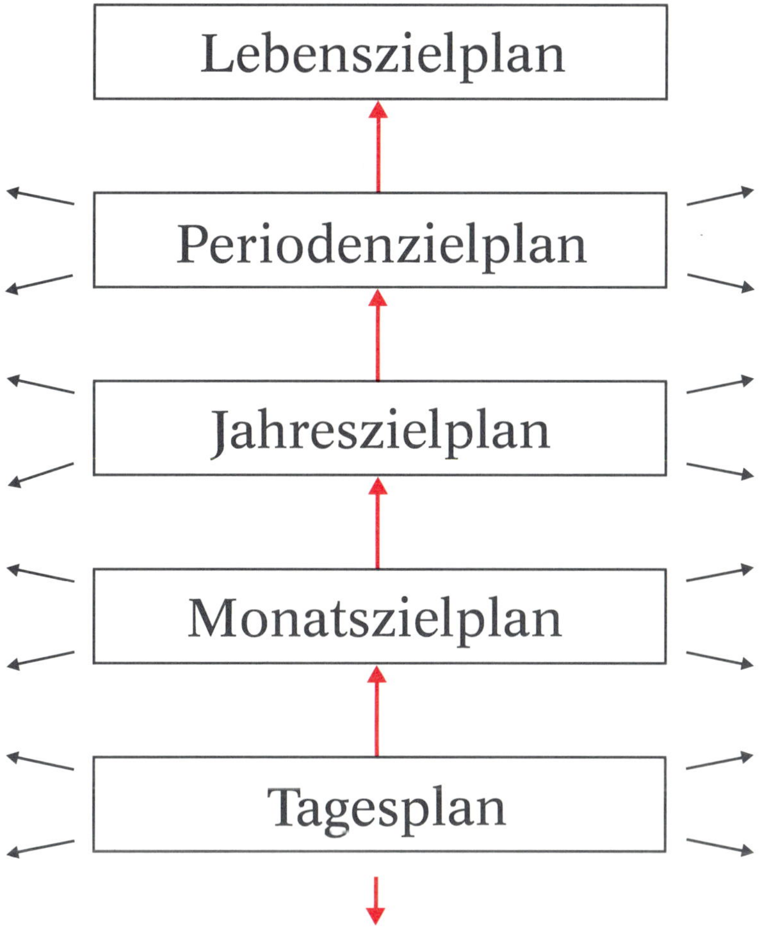

Lebenszielplan

Periodenzielplan

Jahreszielplan

Monatszielplan

Tagesplan

*Abbildung 6: Ablenkungen werden weitgehend unwirksam durch klare Ziel- und Zeitplanung.*

# Klare Ziele stabilisieren die Persönlichkeit

Sie erkennen – nachdem Sie Ihre Begabungen aufgeschrieben haben – Ihre Stärken und Schwächen, Sie haben die Möglichkeit, sich nur auf den Gebieten zu betätigen, die Ihren Begabungsstärken entsprechen. Sie konzentrieren sich mit Ihren Zielplänen auf die für Sie wichtigen Erfolgsfaktoren und verzetteln sich nicht. Denn nicht selten liegt gerade in der Beschränkung auf einige Interessengebiete der Schlüssel zum Erfolg.

Ein Anwender des HelfRecht-Planungssystems erzählte mir folgendes Erlebnis:

*Diversifikation muß nicht immer von Vorteil sein.*

*Sein Geschäftserfolg ging sprunghaft voran. Viele wurden auf seine Erfolge aufmerksam. Es kamen ständig neue Angebote, weitere Produkte für die gleiche Zielgruppe in das Verkaufsprogramm mit aufzunehmen und so seinen Erfolg noch zu verstärken. Er konnte diesen Verlockungen nicht widerstehen. Anstelle weiterer Erfolge ging es jedoch schnell bergab. Rechtzeitig konnte er aber die Ursachen für den Erfolgsknick erkennen, weil er es sich zur Regel gemacht hatte, laufend seine Situation zu analysieren. Bei dieser Analyse wurde ihm klar, daß er sich eigentlich nur für seine Erfolgsartikel und ihren Nutzen begeisterte und nicht für die anderen Produkte, die nur »Mitläufer« waren. Er trennte sich von den neu aufgenommenen Produkten. Sofort hatte er die Lage wieder im Griff.*

Auch hier ist wieder einmal zu erkennen: In der Beschränkung auf die vorhandenen Stärken liegt der Erfolg – im unternehmerischen, wie im privaten oder beruflichen Bereich.

Gibt es solche Ziele, wird das Lebensschiff nicht von jedem Windstoß wie eine Nußschale auf dem Meer herumgeworfen, sondern es hat das notwendige Gewicht im Kiel, um stabilisiert auf das ausgewählte Ziel zusteuern zu können.

Und: Störquellen aufgrund unsystematischen Arbeitens – unsystematisch wegen fehlender Ziele – können ganz wesentlich reduziert werden.

## Vorgehensplanung (C): Grundlagen für die Zielrealisierung schaffen

Ziele realisieren sich nicht von selbst; auch das Vorgehen muß geplant werden.

Aus der Analyse und der Zielplanung ergibt sich ein Spannungszustand: In der Analyse haben Sie die Ausgangssituation dargestellt, in der Sie sich befinden; in den Zielplänen haben Sie danach niedergeschrieben, wo Sie sich kurzfristig (Jahreszielplan), mittelfristig (Sieben Jahres- oder Periodenzielplan) oder langfristig (Lebenszielplan) befinden möchten. Und: Bei allen Zielen formulierten Sie in der Gegenwart, also so, als ob Sie bereits das Ziel erreicht hätten.

Mit der Vorgehensplanung lernen wir nun eine weitere Besonderheit des HelfRecht-Planungssystems kennen: das Denken in der polaren

Darstellung. Darunter verstehen wir, daß ein sogenannter »Minus-Zustand« (−Z) einem entsprechenden »Plus-Zustand« (+Z) gegenübergestellt wird. Das bedeutet: Wir beschreiben ausführlich mit allen Ursachen und drohenden Gefahren die zu verändernde Ausgangssituation (−Z) und stellen die Beschreibung des angestrebten Idealzustandes (+Z) als Überkompensation des Mangels dagegen. Auch hier wählen wir wieder die Gegenwartsform (»Ich habe erreicht, daß ...«) und formulieren so bildhaft wie möglich ein »Zielfoto mit Worten«.

Dazu ein Beispiel:

*Vom Mangel zum Idealzustand.*

*Minus-Zustand (−Z): Der Umsatz bei Produkt X befriedigt uns überhaupt nicht. Wir haben dieses Produkt mit großer Umsatz- und Gewinnerwartung vor zwei Jahren auf dem Markt eingeführt; die Umsatzprognosen haben sich aber bei weitem nicht erfüllt.*

*Ursachen: Bei der Markteinführung ergaben sich Probleme, die wir nicht vorausgesehen hatten. Dadurch enttäuschten wir einige Kunden; diese Kunden haben wir verloren. Unsere Vertreter engagierten sich wegen der schlechten Erfahrungen in der Anfangsphase nicht mehr für dieses Produkt, sie gingen kein Risiko mehr ein.*

*Gefahren: Wenn es uns nicht gelingt, einen Mindestumsatz von ... zu erreichen, lassen sich die hohen Investitionen nicht amortisieren. Wir erleiden dann einen empfindlichen Verlust. Dieser wirft uns in unserer Firmenentwicklung um Jahre zurück.*

*Idealzustand (+Z): Wir haben es geschafft! Durch gemeinsame Anstrengungen der Abteilungen Vertrieb, Produktion und Konstruktion haben wir die Kinderkrankheiten ausgemerzt. Das Produkt X entspricht nun den höchsten Ansprüchen. Dem Außendienst konnten wir durch Muster und Meßprotokolle die Sicherheit vermitteln, daß nun ein absolut zuverlässiges Produkt vorhanden ist. Wichtige Kunden, die wir enttäuscht hatten, wurden von Außendienst-Mitarbeitern zusammen mit Mitgliedern der Geschäftsleitung besucht, wir konnten so das Vertrauen der wichtigsten Kunden wieder zurückgewinnen. Die Markteinführung ist geglückt. Die Investitionen amortisieren sich wie geplant. Wir sind stolz darauf, ein neues, vielversprechendes Produkt auf dem Markt eingeführt zu haben.*

## Der Schlüssel zu Ihrem Erfolg

Mängel dürfen nicht unter den Teppich gekehrt werden, sondern sind Grundlagen von Erfolgen.

Eine gründliche Darstellung des Minus-Zustandes ist Voraussetzung dafür, den Mangel in einen Erfolgsfaktor zu verwandeln. Bedenken Sie: Der Mangel hat eine Schlüsselfunktion für Ihren beruflichen und privaten Erfolg. Entscheidend ist jedoch Ihre Einstellung, die Sie zu Problemen, Mängeln und Schwierigkeiten haben.

Wie sieht es in der Realität aus? Haben wir durch unsere Erziehung nicht selten eine falsche Programmierung? Wir sehen im Mangel etwas Negatives und nicht den entscheidenden Erfolgsbaustein! Ja – Sie haben richtig gelesen: Mängel, Probleme, Schwierigkeiten sind Erfolgsauslöser!

Was uns im körperlichen Bereich der Schmerz signalisieren möchte – daß wir einer Beeinträchtigung unseres Gedeihens ausgesetzt sind –, das soll uns für den geistig-seelischen Bereich der Mangel zeigen: Die Mängel, die wir gerade in der beruflichen oder privaten Situation haben, beeinträchtigen unser Gedeihen.

An einem ganz einfachen Beispiel läßt sich diese Aussage verdeutlichen:

*Jeder hat Stärken und Schwächen.*

*Wie dargestellt, hat jeder Mensch Stärken und Schwächen. Die zwangsläufige Folge ist demnach, daß die Gesamtzahl unserer Handlungen aus einem Teil erfolgreicher und einem weiteren Teil aus mangelhaften, zumindest aber nicht gut gelungener Aktivitäten besteht. In einer Formel ausgedrückt, sieht das so aus:*

*100 % Aktivität*
*=*
*x % Erfolge + y % Mängel*

*Wenn wir uns eine Zeitlang nur auf die Abstellung der Mängel konzentrieren, was ergibt sich dann zwangsläufig? Richtig: unsere Erfolgsquote steigt.*

Wir empfehlen nicht: Sie sollen sich nur darauf konzentrieren, Ihre Schwächen abzustellen; wir empfehlen Ihnen vielmehr, sich Ihre Stärken bewußt zu machen, aber gleichzeitig auch die Mängel in Erfolgsfaktoren zu verwandeln.

Wir halten jedoch die weit verbreitete Empfehlung für falsch, daß man sich *nur* auf seine Stärken konzentrieren solle. Die richtige Ausgewogenheit, der goldene Mittelweg, ist auch hier anzustreben.

»Wohin wir auch blicken, überall entwickeln sich die Chancen aus den Problemen.«
(Nelson A. Rockefeller)

## Den entscheidenden Vorsprung gewinnen

Viele müssen erst eine neue Einstellung zu Mängeln gewinnen.

Menschen sind überwiegend so geprägt, daß sie mit Mängeln, Problemen, Schwierigkeiten nichts zu tun haben wollen und diese Faktoren nicht selten verdrängen. Deshalb haben jene große Chancen, die den Sinn des Mangels richtig erkennen, nämlich ihn als Erfolgsbaustein zu verwerten.

Das erfordert eine neue Einstellung zu Mängeln und Problemen, was sicher eine schwierige Lektion für jeden ist. Wer sie gelernt hat, wer erkannt hat, daß uns ein Mangel nur ein Hinweis auf Verbesserungsmöglichkeiten sein soll, der hat den Erfolgsschlüssel in der Hand und nutzt vorbildlich ein wesentliches Erfolgsgesetz.

Suchen Sie daher, wenn Sie einen Mangel entdeckt haben, ab sofort nicht mehr nach dem Schuldigen, sondern nur noch nach den Ursachen.

Gehen Sie mit folgendem Gedankengang einig? Jeder Mensch will bedeutend sein, möchte

Anerkennung für seine Arbeit bekommen. Er möchte das Gefühl haben, gebraucht zu werden. Das gilt nicht nur für Führungskräfte, das trifft auf jeden Menschen zu. Kein Mitarbeiter wird am Morgen seine Arbeit mit der Absicht beginnen, bewußt alles falsch zu machen, um seinem Vorgesetzten zu zeigen, welche Niete er ist. Unterstellen wir dem Mitarbeiter doch richtigerweise einen guten Willen, die von ihm übernommenen Aufgaben bestmöglich auszuführen.

Kaum ein Mitarbeiter will bewußt etwas falsch machen.

Mit dieser Einstellung wird es uns viel leichter fallen, uns richtig mit den Ursachen der Mängel auseinanderzusetzen. Hatte der Mitarbeiter möglicherweise nicht die richtigen Informationen? Waren Unterlagen mißverständlich, waren sie möglicherweise nicht vollständig? Hat er eine falsche Anweisung erhalten oder wurde die Anweisung falsch interpretiert?

Sie sehen, wir kommen in eine ganz andere Denkrichtung, die uns neue Welten des Erfolgs erschließt. Wir unterstellen dem Mitarbeiter richtigerweise, daß er seine Aufgabe gut erfüllen wollte. Daß uns das Ergebnis nicht befriedigte, hat Ursachen, die zu untersuchen sind. Wir stellen also die Ausgangssituation – den zu verändernden Zustand – möglichst exakt schriftlich dar und überlegen uns, welche Ursachen dafür verantwortlich waren und welche Gefahren drohen. Nur so kommen uns Ideen für eine Überkompensation.

Nicht nach dem Schuldigen, sondern nach den Ursachen eines Mangels muß gesucht werden.

»Das Problem zu erkennen ist wichtiger als die Lösung zu finden. Denn die genaue Darstellung des Problems führt fast automatisch zur richtigen Lösung.«
(Albert Einstein)

Sie werden immer wieder feststellen, wie recht Albert Einstein mit dieser Aussage hatte. Wenn die Ausgangssituation eines Problems genau dargestellt ist, fällt es Ihnen leicht, dieser Mangelsituation das Idealbild, das +Z, also die gewünschte Überkompensation des Mangels, gegenüberzustellen.

Spüren Sie, welche Erfolgspotentiale sich aus der Darstellung eines Mangels ergeben? Wäre es nicht schlimm, wenn man mit gegenseitigen Schuldzuweisungen über Versäumnisse die Chancen verpaßt, die in den Mängeln stecken, und im Gegenteil das Betriebsklima verschlechtert?

## Ein Arbeitsklima, in dem Höchstleistungen selbstverständlich sind

*Mitarbeiter wollen am Erfolg mitwirken.*

*Es vergeht kaum ein Termin der HelfRecht-Planungstage, an dem ich nicht von Teilnehmern gefragt werde, welches Wundermittel wir einsetzten, um zu erreichen, daß unsere Mitarbeiter so freundlich, aufgeschlossen und offensichtlich in bester Stimmung ihre Aufgaben meisterhaft erledigen. »Ich spüre,« so ein Teilnehmer einmal wörtlich, »hier wird kein Theater gespielt. Hierfür habe ich eine sehr empfindliche Antenne; hier läuft alles wie am Schnürchen. Wie machen Sie das nur?«*

*Um Ihnen gleich eine Illusion zu nehmen: Das geschieht nicht auf Knopfdruck. Das erreichten auch wir nicht von heute auf morgen. Unser außergewöhnlich gutes Betriebsklima ist sorg-*

*fältig über einen längeren Zeitraum aufgebaut worden. Wie? Mit der großen Herausforderung, die es sicher für alle Führungskräfte zu beherzigen gilt, nämlich der Geduld und dem richtigen Vorleben dessen, was man als zweckmäßig und als erfolgswirksam kennengelernt hat. Die Mühe lohnt sich, sie zahlt sich x-fach aus.*

*Jeder Mitarbeiter möchte gern in einem Gewinner-Unternehmen arbeiten, einem Unternehmen also, das ein gutes Ansehen genießt, dessen Produkte/Dienstleistungen gefragt sind, das finanziell gesund dasteht. Für diese Ergebnisse sind aber nicht nur die Führungkräfte verantwortlich, sondern zu vielen Detailverbesserungen geben insbesondere Mitarbeiter wichtige Denkanstöße. Alle Mitarbeiter haben das Gefühl und die Gewißheit, am Erfolg mitwirken zu können, indem sie Mängel ansprechen und sie allein oder mit Kollegen und/oder Vorgesetzten in Erfolgsbausteine verwandeln.*

Fangen Sie ganz behutsam an! Leben Sie diese Erkenntnisse, die Sie über den Mangel als Erfolgsbaustein gelesen haben, vorbildlich vor. Sollten Sie früher »explodiert« sein, wenn Sie auf Fehler stießen, die Mitarbeiter gedankenlos, aber sicher nicht mit Absicht gemacht hatten, so wird dies für Sie besonders schwierig werden. Haben Sie aber auch mit sich selbst Geduld. Es lohnt sich!

Ein Beispiel soll Ihnen zeigen, wie Sie es nicht machen sollten:

*Was ist die Ursache des Mangels?*

*Als Vertriebsleiter in einem mittelständischen Unternehmen erlebte ich folgende Situation: Ein Kunde beschwerte sich zu Recht schrift-*

*lich sehr massiv über eine schlechte Leistung. Ich sehe heute noch den Reklamationsbrief des Kunden vor mir, versehen mit dem handschriftlichen Randvermerk des Inhabers. Der Vermerk lautete: »Wer war das Karnickel?«.*

*Können Sie sich vorstellen, daß man das Karnickel fand? Das Problem war so vielschichtig, daß der »Schuldige« nicht gefunden wurde, obwohl noch so intensiv nach ihm gesucht wurde. Glauben Sie, daß hier jemand absichtlich etwas falsch gemacht hat? Sicher nicht.*

*Wie hätte man statt dessen vorgehen sollen? Richtig! Ohne nach dem Schuldigen zu suchen, hätten die Ursachen schnell einen Hinweis geliefert, wo etwas zu verbessern ist. Ein für allemal wäre dann die Ursache als Mangelauslöser erkannt und bereinigt worden. Kein anderer Fehler hätte aus der gleichen Ursache nochmals entstehen können.*

Jeder Mangel ist ein Erfolgsbaustein.

Spüren Sie, daß diese Vorgehensweise Sie mit jeder Mangelbeseitigung in Ihrer Erfolgsfähigkeit einen Schritt weiterbringt? Verstehen Sie nun, wenn wir sagen, daß es gar nicht schlimm ist, wenn Sie viele Mängel in Ihrem beruflichen Umfeld erkennen? Jeder Mangel ist für Sie ein Erfolgsbaustein, vorausgesetzt, Sie gehen auf die Ursachen- und nicht auf die Schuldigen-Suche.

# Das –Z führt Sie zum +Z

Noch einmal: Das –Z, der Mangel-Zustand mit der ausführlichen Ursachenbeschreibung hat nur einen Zweck, nämlich Ihnen zur Formulierung des Idealbildes, der Überkompensation des Mangels – also zum +Z – zu verhelfen.

Versuchen Sie nicht – insbesondere am Anfang –, sehr komplexe Situationen in einem umfangreichen –Z zu erfassen und dann mit »einem großen Wurf« das –Z zu überkompensieren. Beginnen Sie mit kleinen Alltagsproblemen, die Ihnen auffallen.

Ein Beispiel:

*Wenn niemand im Betrieb ans Telefon geht.*

*–Z: Sie stellen fest, wenn Sie außer Haus sind und im Büro anrufen, daß Sie relativ lange warten müssen, bis sich jemand in der Telefonzentrale meldet. Sie schließen richtig daraus, daß das nicht nur Ihnen passiert und mißfällt, sondern daß auch alle Ihre Geschäftspartner das gleiche negative Erlebnis haben.*

*Sie schreiben auf, wo die Ursachen liegen und stellen etwa fest, daß der betreffende Mitarbeiter in der Zentrale noch andere Aufgaben durchzuführen hat, die seine permanente Anwesenheit in der Zentrale überhaupt nicht ermöglichen. Bei Anrufen muß er erst aus einem anderen Büro zur Telefonzentrale eilen.*

*Mit dieser Basisinformation gelingt es Ihnen leicht, ein Ideal für eine bessere Aufgabenverteilung des Mitarbeiters in der Zentrale zu finden.*

Wie kommen wir vom Mangel zum Idealzustand?

Wir kennen nun die beiden Pole unserer Situation, den Mangel-Zustand (−Z) und das Idealbild (+Z). Um vom −Z zum +Z zu gelangen, müssen wir selbstverständlich etwas unternehmen: Es geht nun darum, die richtigen Mittel und Maßnahmen zusammenzutragen, damit wir von der Ausgangssituation zum Idealzustand kommen.

Auch hier ist es wieder sinnvoll, Reifeschritte vom ersten Entwurf bis zum Handeln zwischenzuschalten, um möglichst viele Ideen zu sammeln.

Unsere Empfehlung lautet: Arbeiten Sie beim Zusammentragen der Mittel, die Sie benötigen, und der Maßnahmen, die Sie durchführen müssen, mit vollständigen Sätzen.

Beginnen Sie jeweils mit »Ich werde ...«, um klar zu machen, daß die Handlungsverantwortung bei Ihnen selbst liegt. Selbstverständlich bedeutet das nicht, daß alle Aufgaben von Ihnen selbst durchgeführt werden; »Ich werde ...« kann auch heißen, daß ich Person X beauftrage, dieses und jenes für mich zu erledigen. Wichtig ist aber auf jeden Fall, daß ich eben den Anstoß dazu gebe.

Bei dem Beispiel »Telefonzentrale« könnte etwa eine Position lauten:

*Ursache gefunden – Mangel abgestellt.*

*»Ich werde mit dem Mitarbeiter Y besprechen, welche Aufgaben er im Moment erledigt und nehme alle jene Aufgaben aus seinem Aufgabengebiet, die ihn daran hindern, permanent in der Telefonzentrale zu sein. Für den frei werdenden Arbeitsblock erhält der Mitarbeiter dann neue Aufgaben.«*

# Planen Sie eine Reifezeit ein

Das HelfRecht-System bezeichnen wir gern auch als »Anti-Grübel-Methode«. Warum? Wir tragen mit diesem Planungssystem unseren Gehirnfunktionen Rechnung, die später in diesem Praktiker-Handbuch beim Thema »Bewußtseinsebenen« dargestellt werden.

Schreiben Sie daher bei Ihrer Vorgehensplanung die Mittel und Maßnahmen auf, die Ihnen spontan einfallen. Legen Sie dann die Aufzeichnungen beiseite und ergänzen Sie sie etwa im Abstand von zwei oder drei Tagen um die Punkte, die Ihnen in der Zwischenzeit eingefallen sind.

Immer wieder erweist es sich: auch ein Vorgehensplan muß reifen.

In den Planungstagen stellen wir immer wieder fest: Die an einem Vorgehensplan arbeitenden Teilnehmer sind erstaunt darüber, was im Abstand von nur zwei Tagen zwischen dem ersten Entwurf und der Ergänzung an zusätzlichen Ideen zu Papier gebracht werden kann. Damit Ihnen nichts Wertvolles verlorengeht, sollten Sie daher zwei Dinge bedenken:

- ☐ Erstens kommen Gedanken wie Blitze unversehens und in Situationen, in denen wir nicht gerade mit der betreffenden Aufgabe beschäftigt sind. Seien Sie also immer schreibbereit. Davon später mehr bei der Erläuterung des HelfRecht-Zeitplanbuches.
- ☐ Legen Sie Ihre Aufzeichnungen mit Ihren ersten Entwurfsgedanken auf Wiedervorlage. Notieren Sie sich in Ihrem Zeitplanbuch oder in Ihrem Terminkalender einen weiteren Bear-

beitungstermin. Ideal ist ein Abstand von zwei bis drei Tagen.

Diese Vorgehensweise bedeutet, daß Sie für die Bearbeitung von Aufgaben immer entsprechende Zeitreserven einplanen sollten. Ob es sich um eine Ideensammlung für die Lösung eines Problems handelt oder ob es darum geht, eine wichtige Verhandlung vorzubereiten – in allen Fällen gelten die gleichen Gesetze unserer Gehirnfunktionen, die es als sinnvoll erscheinen lassen, Projekte in mehreren Reifeschritten zu durchdenken.

Genügend Zeitreserven für ein Projekt sollten immer eingeplant werden.

Das kostet nicht mehr Zeit, sondern spart ganz wesentlich Zeit ein, denn wir grübeln nicht über einem Problem, sondern bringen die Gedanken zu Papier und legen die Aufzeichnungen auf Wiedervorlage, um sie dann später zu ergänzen.

Wenn Sie Ihre Entwurfsgedanken ein oder mehrere Male ergänzt haben, sind Ihre Ausarbeitungen so ausgereift, daß Sie den nächsten Schritt machen können: Sie kommen zum aktiven Handeln oder – denken Sie an unseren Regelkreis – zum Vorgehen.

# Vorgehen (D): Schritt für Schritt Ziele realisieren

Sie erinnern sich: Die Analyse zeigt uns die Ausgangssituation mit ihren Stärken und Schwächen. In die Zielpläne übertragen wir die Vorhaben, die für uns wichtig sind. Wir teilen diese Ziele in lang-, mittel- und kurzfristige Ziele auf.

Mit einem Vorgehensplan können selbst große Ziele realisiert werden.

In der Vorgehensplanung stellen wir die Ausgangssituation, den zu verändernden Zustand, dar – wir sprechen vom –Z – und stellen diesem –Z die Überkompensation, also das Idealbild, das +Z, gegenüber. In der Liste der Mittel und Maßnahmen tragen wir schließlich zusammen, was wir benötigen (= Mittel) und was wir tun oder veranlassen sollen (= Maßnahmen), um von der Ausgangssituation zu dem gewünschten Zielzustand zu kommen. Mit dem Satzbeginn: »Ich werde ...«, wird deutlich, daß die Handlungsverantwortung beim Planenden liegt. Die einzelnen Schritte werden nun im Zeitplanbuch oder – falls Sie keines besitzen – in einem Terminkalender auf die Termine verteilt, an denen wir die jeweiligen Aufgaben erledigen wollen. Damit legen wir uns für das *richtige* Vorgehen fest.

*Nahezu jedes Ziel ist erreichbar, wenn Sie es in Detailaufgaben zergliedern.*

Wir verdeutlichen diese Aussage in den Planungstagen gern anhand einer Multiplikationsaufgabe *(Abbildung 7)*.

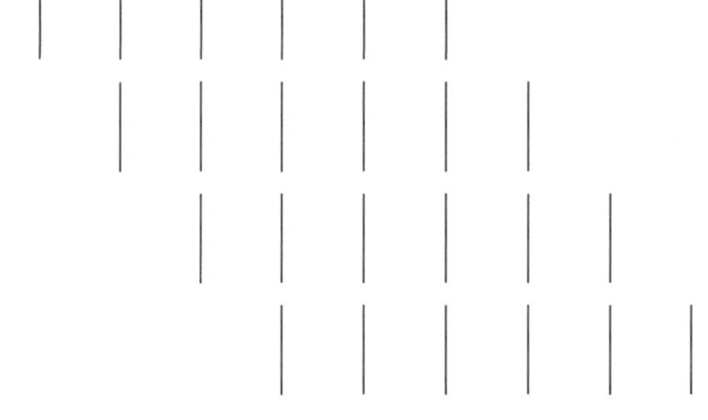


*Abbildung 7: Durch Anwendung schriftlicher Denkmethoden wird die geistige Kapazität erweitert.*

*Kaum jemand kann diese beiden mehrstelligen Zahlen im Kopf miteinander mulitplizieren. Überhaupt kein Problem bereitet es dagegen, mit Papier und Bleistift die Einzelergebnisse der Multiplikation und schließlich der Addition zusammenzutragen, um diese Rechenaufgabe zu lösen.*

Genauso gehen wir vor, um große Ziele zu erreichen; wir machen also einzelne Schritte.

Auch dazu ein Beispiel:

*Von einfachen zu schwierigen Aufgaben.*

*Immer wieder erlebe ich, wie euphorisch Anwender des HelfRecht-Planungssystems über ihre Erfahrungen mit der Vorgehensplanung berichten.*

*Nach den ersten Anfangserfolgen mit kleineren, überschaubaren Problemfeldern wagen sich die Anwender an immer schwierigere Aufgaben heran und haben die Gewißheit, auch recht komplexe berufliche oder private Herausforderungen mit der Vorgehensplanung gut in den Griff zu bekommen.*

## Ergebnisse = Erfolge (E): Der Erfolg kommt zwangsläufig

Sie können Ihre Erfolge überhaupt nicht verhindern – ja, Sie haben richtig gelesen: Sie können Ihre Erfolge nicht verhindern, wenn Sie das Planungssystem so anwenden, wie hier dargestellt.

Zwangsläufig tritt der Erfolg ein, wenn auch das Vorgehen konsequent geplant wird.

Wenn Sie gründlich analysiert und daraus die für Sie wichtigen Ziele abgeleitet haben, in der Vorgehensplanung den zu verändernden Zustand genau durchleuchtet, dadurch nahezu automatisch das Idealbild gefunden und schließlich sorgfältig die notwendigen Mittel und Maßnahmen zusammengetragen haben, die vom −Z zum +Z führen – dann werden Sie mit der schrittweisen Realisierung über das Zeitplanbuch oder über den Terminkalender zum angestrebten Ziel kommen. Ein winziges Restrisiko bleibt. Es wird aber um so geringer, je sorgfältiger alles von Ihnen bedacht wurde. Es wird größer, wenn man sich auf technologisches Neuland begibt.

In unserem Planungssystem definieren wir »*Erfolg*« als *das Erreichen selbst gesteckter Ziele.* Sie werden sicher das Glücksgefühl verstehen, das Anwender des Planungssystems haben, die nichts anderes tun, als permanent bewußt Ziele zu realisieren und es zu genießen, wie sie Schritt für Schritt auf dem Weg zu den Zielen vorankommen.

Glücksgefühle erlebt, wer Schritt für Schritt auf dem Weg zu seinen Zielen vorankommt.

Das über die Analyse, die Zielpläne, die Vorgehenspläne und das Vorgehen erarbeitete Ergebnis ist die Ausgangssituation für neue Aktivitäten, denn es wurde eine neue Lebens-Plattform erarbeitet. Sie ist die Ausgangsbasis für die nächsten Vorhaben.

## Das Geheimnis des Nutzenbietens

Damit in dem dargestellten Regelkreis Analyse/Zielpläne/Vorgehenspläne/Vorgehen/ Ergebnisse außergewöhnliche Erfolge erreicht werden, kommt dem Nutzenbieten eine besondere Bedeutung zu.

Wir leben in einer sehr materialistischen, häufig auch egoistischen Welt. In einem solchen Umfeld besitzen jene die entscheidenden Trümpfe, die sich aus der großen Masse herausheben und im Vergleich zur Mehrheit ungewöhnlich denken und handeln. Wie kann man sich abheben? Ganz einfach dadurch, daß man sich immer wieder mit den Bedürfnissen der anderen auseinandersetzt und ihnen mehr an Nutzen bietet als andere.

Wenn wir an die Bedürfnisse anderer Menschen denken, heben wir uns aus der Masse hervor.

Diese Gedanken des Nutzenbietens sind nicht neu – sich in diese Gedankenwelt hineinzuversetzen bedeutet in vielen Fällen dennoch wahrscheinlich aufgrund unserer Prägungen durch Erziehung und Umwelt eine große Herausforderung. Es ist eben eine andere Welt, seine Handlungen in Zukunft überwiegend von den Gedanken des Nutzenbietens leiten zu lassen.

Wer anderen Menschen Nutzen bietet, wird zwangsläufig erfolgreich sein.

Auch hier stellen wir bei den Teilnehmern an unseren Planungstagen immer wieder fest, welche Herausforderung es für viele Unternehmer bedeutet, in den Kategorien des Nutzenbietens zu denken. Haben sie es aber verstanden, dann steht ihnen eine Welt offen – und zwar deshalb, weil sie sich mit ihrem Denken, Tun und Handeln ganz wesentlich von der Mehrheit abheben.

Jeder, der beruflich Erfolg hat, muß ein Mindestmaß an Nutzen bieten, sonst würde sein Produkt/seine Dienstleistung keinen Markt, keine Abnehmer finden. Es geht also darum, das entscheidende Quentchen mehr an Nutzen zu bieten als die Branchenkollegen, um immer wieder den Vorsprung zu sichern, der für den dauerhaften geschäftlichen Erfolg verantwortlich ist.

Viele müssen umdenken, um den Mangel als Erfolgsfaktor zu verstehen – genauso ist ein Umdenken sinnvoll, wenn wir uns über das Nutzenbieten besser profilieren wollen.

# Gehen Sie den »Umweg« über das Nutzenbieten

Im Vordergrund: das kundenorientierte Denken.

Wer ist mit seinen Produkten und/oder Dienstleistungen besonders erfolgreich? Richtig: derjenige, der mit seinem Leistungsangebot die Bedürfnisse seiner Kunden am besten befriedigt. Machen Sie daraus Ihr Handlungsprogramm: Ihre Kunden, Ihre Zielgruppen, sollen in Zukunft das bestimmen, was Sie herstellen oder vertreiben. »Das mache ich doch sowieso«, werden Sie sagen. Wirklich?

Setzen Sie sich einmal mit dem Gedanken des Nutzenbietens mit Hilfe der nachfolgenden Zitate auseinander.

»Jeder nützt sich selbst am meisten, wenn er sich anderen als nützlich erweist.«
(Seneca)

»Der erfolgreiche Mensch beschäftigt sich mit den Interessen der anderen, der erfolglose und gewöhnliche Mensch vorwiegend mit den eigenen.«
(Alfred Adler)

Erfolgreich ist, wer die Bedürfnisse des Marktes befriedigt.

Ich leite davon folgende Aussage ab: Nicht Erfolgsdenken bestimmt den Markt, sondern das Marktdenken den Erfolg.

Das richtige Vorgehen ist also, den vermeintlichen »Umweg« zu gehen, nämlich sich zuerst mit der Situation der Kunden auseinanderzusetzen, sich mit deren Bedürfnissen genau zu befassen und diese Bedürfnisse dann in die richtigen Produkte und/oder Dienstleistungen umzusetzen. Streben Sie den Erfolg nicht direkt an, sondern gehen Sie den – vermeintlichen – »Umweg« über das Nutzenbieten!

Empfehlung 13: Nutzen meiner Produkte/Dienstleistungen

Welchen Nutzen biete ich (wem?) mit meinen Produkten/Dienstleistungen? Warum sollen meine Kunden ausgerechnet bei mir und nicht beim Wettbewerb kaufen? Welche Vorzüge biete ich?

Wenn es Ihnen nicht schwergefallen ist, diese Frage schriftlich zu beantworten, dann sind Sie schon einen ganz wesentlichen Schritt hinsichtlich des richtigen Verständnisses vom Wert des Nutzenbietens vorangekommen. Ein guter Anfang ist dann gemacht.

*Welchen Sinn hat die Beschreibung des Nutzens?*

*Ein Teilnehmer an den Planungstagen kam auf mich zu und sagte, daß er in der Arbeit, den Nutzen aufzuschreiben, den er mit seiner beruflichen Tätigkeit bietet, keinen Sinn sehe. Er habe ein Einzelhandelsgeschäft mit verschiedenen Filialen. Es sei doch für jeden möglichen Kunden klar, was sein Geschäft zu bieten habe.*

*Ich bat ihn, einmal aufzuschreiben, wo er sich bereits heute von seinen Wettbewerbern abhebt und wo er noch Verbesserungsmöglichkeiten sieht, etwa in der Ausstattung der Geschäfte, in der Bedienung, im Angebot.*

*Nach der Einzelarbeit in der Planungsphase, die sich in den HelfRecht-Planungstagen ständig mit der Anleitung des Referenten zum jeweiligen Arbeitsschritt abwechselt, sprach mich dieser Unternehmer ganz begeistert an. Er habe auf mehreren Seiten niedergeschrieben, wo er sich bereits heute gegenüber seinem Wettbewerb profiliere und welche zusätzlichen Möglichkeiten er noch erkannt habe. Er habe nun die richtigen Aussagen für seine Mitarbeiter-Schulung und auch für sein Werbekonzept.*

Heben Sie sich mit Ihrem Leistungsangebot von Ihren Wettbewerbern ab?

Vielleicht können Sie mit Hilfe eines weiteren Gedankens besser niederschreiben, wo Sie sich gegenüber Ihrem Wettbewerb abheben: In Seminaren für Verkäufer wird nicht selten empfohlen, die 4-a-Regel zu beherzigen. Sie besagt: in seinen Bemühungen um die Kunden *a*nders *a*ls *a*lle *a*nderen zu sein. Sind Sie mit Ihrem Leistungsangebot in der Kundenbetreuung anders als alle anderen? Sehen Sie hier weitere Ansatzpunkte, sich von Ihren Kollegenfirmen abzuheben? Übrigens: Ergänzen Sie bitte permanent Ihre Aufzeichnungen, die aus der vorangegangenen Arbeitsempfehlung entstanden sind. Sie werden im Laufe der Zeit immer mehr Nutzenbiete-Aspekte Ihres Unternehmens kennenlernen.

Der Erfolg läuft Ihnen nach, wenn Sie so vorgehen, wie Alfred Adler es sagte, wenn Sie sich also als erfolgreicher Mensch vorwiegend mit den Interessen Ihrer Kunden auseinandersetzen.

# Wo fängt das Nutzenbieten an?

Denken Sie hier bitte nicht nur an außergewöhnliche Anstrengungen. Das Nutzenbieten fängt bereits mit sehr einfachen Dingen des Alltags an. Sie erleben das, was ich meine, Tag für Tag, haben die entscheidenden Unterschiede aber möglicherweise noch gar nicht in die Kategorie »Nutzenbieten« eingeordnet.

Das Nutzenbieten beginnt schon bei den »kleinen« Dingen.

Wo kaufen Sie die Dinge Ihres täglichen Bedarfes ein, wenn Sie die Wahlmöglichkeit zwischen verschiedenen Geschäften haben? Wo tanken Sie vorzugsweise? In welchem Bekleidungsgeschäft lassen Sie sich am liebsten bedienen? Welchen Ihrer Geschäftspartner rufen Sie besonders gern an?

Merken Sie, worauf ich hinaus will? Das Nutzenbieten beginnt bereits beim sympathischen, netten Umgang miteinander, mit der aufmerksamen Bedienung, der freundlichen Stimme am Telefon und dergleichen.

Also: Behandle Menschen so, wie Du behandelt werden willst – das sagt eine alte Erfolgsregel.

*Der erste Eindruck entsteht am Telefon.*

*Nochmals zurück zur Telefonzentrale. Hier bekommen Sie täglich kostenlos einen sehr guten Anschauungsunterricht geliefert, wie clevere Unternehmen ihre Chancen nutzen und ihre Kompetenz zeigen, indem sie die für das Firmenimage so wichtige Stelle mit einer freundlichen Person besetzen. Sie erleben leider viel häufiger auch das Negativ-Beispiel dafür, wie man Geschäftspartner am Telefon nicht behandeln sollte. Wieviel Werbegelder und Imagekampagnen verpuffen, wenn die Telefonzentrale schlecht besetzt ist?*

Wie der Pförtner, so die Firma.

Dr. Carl Zimmerer, der Gesellschafter-Geschäftsführer der Unternehmensmaklerfirma Interfinanz in Düsseldorf, hielt anläßlich einer Veranstaltung des HelfRecht-Mittelstandsforums im HelfRecht-Zentrum ein Referat »Wie erkenne ich erfolgreiche mittelständische Unternehmen?«. Eine in diesem Zusammenhang wichtige Aussage von ihm: Ein entscheidendes Bild über eine Firma macht er sich bereits beim Pförtner. Wie wird er, wie werden Geschäftspartner empfangen, wie ist also der Geist des Hauses?

## Wo hört das Nutzenbieten auf?

Fast zwangsläufig folgt dem Nutzenbieten die Nutzenernte.

Bisher habe ich nur eine Seite des Nutzens betrachtet, nämlich das Nutzenbieten. Wenn Sie das Nutzenbieten meisterhaft beherrschen, dann wird auch das Ergebnis in den allermeisten Fällen *zwangsläufig* folgen, nämlich die *Nutzenernte.* Im Unternehmens-Alltag sind das: Umsatz, Gewinn, Anerkennung, gutes Firmenimage und dergleichen. Engen Sie aber unbedingt nicht den Aspekt des Nutzenbietens allein auf den materiellen Bereich ein; auch hier spielen vielmehr die anderen Aspekte (mitmenschlich, Anerkennung, Gesundheit) eine wesentliche Rolle.

*Warum Kinder erziehen oder ein Ehrenamt annehmen?*

*Was bewirkt eine Mutter, die ihre Kinder zu lebenstüchtigen, lebensbejahenden Persönlichkeiten erzieht? Ganz einfach: sie bietet Nutzen.*

*Was ist die Triebfeder für viele bewundernswerte Menschen, die sich teilweise sogar ehrenamtlich in der Alten- und Krankenpflege engagieren?*

*Was veranlaßt Menschen, oft sehr undankbare ehrenamtliche Aufgaben anzunehmen, wie zum Beispiel einen Sportverein zu führen?*

Alle genannten Personen bieten zweifellos Nutzen. Wo ist hier die Nutzenernte? Die möglichen Antworten auf diese Frage zeigen, daß die Nutzenernte nicht nur im materiellen Bereich zu suchen ist.

Nutzenbieten und Nutzenernte müssen stets ausgewogen sein.

Wichtig aber ist: Beachten Sie die Ausgewogenheit zwischen gebotenem und geerntetem Nutzen. Ich meine hier nicht, daß in die Waagschale genausoviel Nutzenleistung gelegt werden muß, wie Nutzenernte herauskommen soll. Da spielen ja auch die persönliche Motivation und die Entscheidung, eine bestimmte Aufgabe zu übernehmen, eine wichtige Rolle.

Ich möchte Sie mit dieser Aussage nur anregen, darüber nachzudenken, wann es sinnvoll ist, sich zurückzuziehen – wenn man zum Beispiel zu viel Kraft verliert oder man sich ausgenutzt fühlt.

Im wirtschaftlichen Bereich bedeutet das, jemanden nicht mehr zu beliefern, der nicht in der Lage ist, die Gegenleistung für die Lieferung zu bringen – also die Rechnung zu bezahlen. Im immateriellen Bereich muß jeder für sich entscheiden, wann die Lebenskräfte mehr verzehrt als aufgetankt werden. Denn auch im karitativen Bereich gelten die gleichen Gesetze: Man kann nur etwas geben – sei es Lebenskraft, seien es materielle Dinge – wenn man selbst etwas davon besitzt.

## Beruf und Privatleben sind untrennbar

Eine weitere Besonderheit des HelfRecht-Planungssystems: es erfaßt die gesamte Situation eines Menschen. Bis vor nicht allzulanger Zeit war man überwiegend der Auffassung, man müsse klar zwischen Beruf und Privatem trennen. Es ist aber eine Tatsache, daß sich beide Bereiche stark beeinflussen. Stimmungsbelastungen, die sich aus Problemfeldern des Berufes ergeben, strahlen ins Privatleben aus und umgekehrt.

Das HelfRecht-System sieht die berufliche und die private Situation eines Menschen als Einheit.

Genauso gilt das für die positive Stimmung, die man im Privatleben tanken kann, und die sich durch entsprechende Leistungsfreude im Beruf bemerkbar macht.

Das HelfRecht-Planungssystem versetzt seine Anwender in die Lage, sowohl den beruflichen als auch den privaten Alltag harmonisch zu gestalten. Mit Hilfe der beschriebenen Vorgehensweise – klare Analyse, wo die Ursachen für eventuelle Stimmungsbeeinträchtigungen sind; Erarbeiten der für die eigene Situation richtigen Ziele; Vorgehensplanung, die sich aus dem Spannungszustand zwischen Ausgangssituation (Analyse) und den

Zielformulierungen ergibt; Vorgehen – werden Problemsituationen in Erfolge verwandelt.

Ein bedeutendes Arbeitsmittel, den beruflichen Alltag optimal zu gestalten, haben die Anwender des HelfRecht-Planungssystems mit der Beruflichen Situationsanalyse in der Hand.

## Die berufliche Situation im Griff durch die Berufliche Situationsanalyse

Grundlage für mehr Erfolg im Beruf: die Berufliche Situationsanalyse.

Mit diesem Arbeitsmittel verschaffen sich die Teilnehmer an den Planungstagen einen exakten Überblick über den beruflichen Alltag, kristallisieren dort Chancenfelder heraus, die sie dann nach einem selbst erstellten Prioritätenschlüssel Zug um Zug in Erfolge verwandeln. Der besondere Vorteil der entsprechenden Planungsmittel ist deren einfacher Aufbau, der keine Umsetzungsschwierigkeiten in der praktischen Arbeit entstehen läßt.

Die Berufliche Situationsanalyse ist wie folgt aufgebaut:

- ☐ Liste der Hauptaufgaben mit Angabe der Kompetenzen, der Entscheidungsbefugnis, der Stellvertretung bei Abwesenheit und der jeweiligen Bedeutung (Priorität) der Hauptaufgabe;
- ☐ zu jeder Hauptaufgabe wird der Nutzen der Aufgabenerfüllung für die Personen dargestellt, die von der guten Aufgabenerfüllung profitieren;

- □ schließlich wird exakt aufgezeigt, mit welchen Mitteln und Maßnahmen die einzelnen Aufgaben durchgeführt werden.

Die Fleißaufgabe, diese Details zusammenzutragen, führt bei allen Teilnehmern an den Planungstagen immer wieder zu faszinierenden Erkenntnissen. Selbst bei Aufgaben, die man außergewöhnlich gern macht und dabei das Gefühl hat, sie sehr gut zu beherrschen – selbst bei diesen Aufgaben ergeben sich durch die detaillierte schriftliche Darstellung eine Fülle von Verbesserungsmöglichkeiten. Diese Verbesserungsmöglichkeiten werden dann in dem Formblatt »Mängel-/Chancenliste« notiert. Und auch hier wieder: Die gefundenen Mängel bilden ein Meer von Profilierungsmöglichkeiten am Markt.

Auch im Beruf läßt sich vieles verbessern – Mängel sind gerade hier Chancen.

Ihre Nutzanwendung: Verschaffen Sie sich ebenfalls einen Überblick über Ihre berufliche Situation. Schreiben Sie auf separaten Blättern auf, für welche Aufgaben Sie verantwortlich sind, welchen Nutzen von der Aufgabenerfüllung andere Personen haben und wie Sie die jeweiligen Aufgaben durchführen. Sie werden erstaunt sein, wieviele Ansatzpunkte für Verbesserungsmöglichkeiten Sie erkennen; diese Chancen notieren Sie auf einem weiteren Blatt. Die gefundenen Möglichkeiten nehmen Sie dann in der Reihenfolge wahr, die in Ihrer Situation am sinnvollsten ist.

# Die fünf Pflichtaufgaben einer Führungskraft

In diesem Praktiker-Handbuch wird immer wieder angesprochen, wie wichtig es ist, daß sich die Führungskräfte auf ihre tatsächlichen Hauptaufgaben konzentrieren und diese wahrnehmen, um den Erfolg ihres Unternehmens zu gewährleisten. Um welche Hauptaufgaben, die in unseren Augen Pflichtaufgaben für die Führungskräfte sind, handelt es sich?

In der nachstehenden *Abbildung* sind diese fünf Hauptaufgaben angegeben.

*Abbildung 8: Die fünf unternehmerischen Hauptaufgaben einer Führungskraft.*

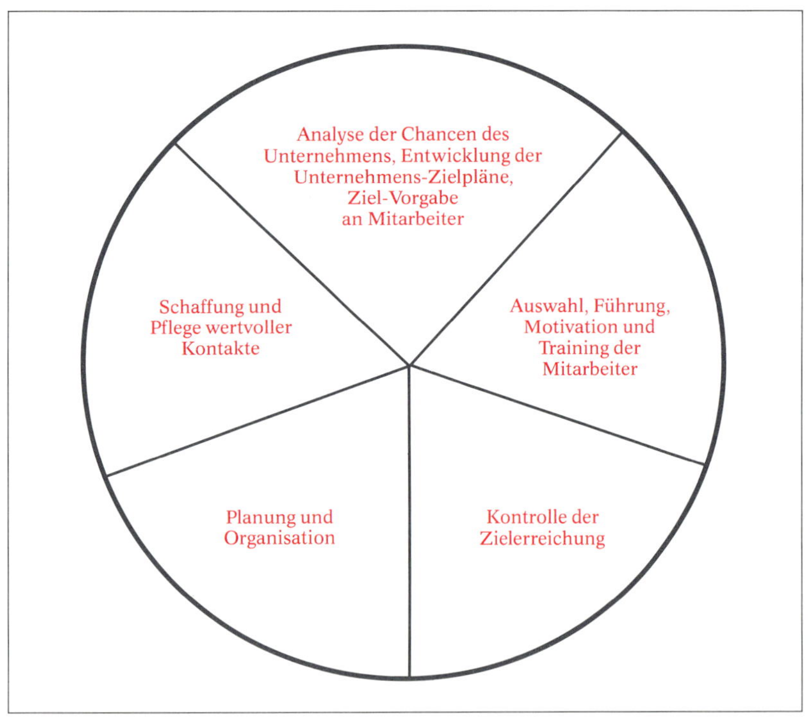

Je nach Größe eines Unternehmens wird mit diesen Aufgaben das Arbeitspensum einer Führungskraft bereits erschöpft sein; in kleinen Unternehmen kommen aber möglicherweise weitere hinzu. Ideal ist es, wenn diese zusätzlichen Aufgaben ausgesprochene Neigungsaufgaben sind, also Tätigkeiten, für die die Führungskraft besondere Begabungsstärken besitzt. Die Erledigung dieser Aufgaben schafft dann auch eine besondere Arbeitsfreude.

## Vom Nutzen der HelfRecht-Planungstage

HelfRecht-Planungstage: von Praktikern für Praktiker.

Einige Grundzüge des in den HelfRecht-Planungstagen vermittelten Planungssystems haben Sie mit dem kybernetischen Regelkreis bereits kennengelernt.

Das komplette HelfRecht-System vermittelt das HelfRecht-Studienzentrum in persönlichen und unternehmerischen Planungstagen. Die Vorzüge dieser Planungstage sind:

- ☐ Die Teilnehmer hören keine theoretischen Fallbeispiele, sondern arbeiten ab dem ersten Tag unter Anleitung erfahrener Referenten an ihrer eigenen Situation.
- ☐ Praktiker, die selbst in unternehmerischer Verantwortung stehen, leiten die Planungstage.
- ☐ Die Teilnehmer verfügen am Ende der Planungstage über eine Anzahl umsetzungsreifer Pläne. Es gibt keinen »Praxisschock«, der sich

*Abbildung 9: Planen in angenehmer Atmosphäre: das HelfRecht-Zentrum in Bad Alexandersbad.*

nicht selten nach Seminarbesuchen einstellt, wenn man versucht, durchgesprochene Fallbeispiele auf die eigene Situation zu übertragen.

- Anwender berichten über Zeiteinsparungen von 25 Prozent und mehr.
- 90 Prozent der Teilnehmer kommen auf Empfehlung von Freunden und Bekannten. Das ist die Garantie, daß sich der Geld- und Zeitaufwand lohnt.
- Nichts ist so beständig wie der Wandel. Daher ist es wichtig, daß die Leiter der Planungstage gleichzeitig in unternehmerischer Verantwortung stehen, aus eigenem Erleben die einzelnen Stufen des Systems darstellen und Anleitungsempfehlungen für die schriftlichen Ausarbeitungen geben können.

- ☐ Nach den Planungstagen steht den Teilnehmern ein kostenloser Beratungsservice für die Handhabung des erworbenen Wissens zur Verfügung.

Wichtig für den Erfolg ist die angenehme Atmosphäre im HelfRecht-Zentrum.

Als besonders wohltuend empfinden die Teilnehmer an den HelfRecht-Planungstagen die angenehme Arbeitsatmosphäre in den speziell für diese Veranstaltungen konzipierten Räumlichkeiten. In harmonischer Atmosphäre, ungestört vom Alltag, fällt es jedem Teilnehmer leicht, sich auf seine Situation zu konzentrieren und die für seine berufliche und private Zukunft bestgeeigneten Ziel- und Vorgehenspläne zu formulieren.

# 3 Zeitmanagement – ein wesentlicher Teil des persönlichen Erfolgs

Wer seine persönlichen Wünsche und Ziele nicht kennt, kann kein gutes Zeitmanagement betreiben.

Mit der Überschrift über dieses Kapitel – »Zeitmanagement – ein wesentlicher Teil des persönlichen Erfolgs« – möchte ich andeuten, daß Zeitmanagement im richtigen Zusammenhang gesehen werden muß. Gutes Zeitmanagement zu praktizieren, ohne vorher die persönlichen Wünsche und Ziele erarbeitet zu haben, kann zu Ergebnissen führen, über deren Erfolge man sich oftmals nicht freut.

Gutes Zeitmanagement muß sich immer daran messen lassen, ob das mit einer perfekten Zeitplanung erreichte Ergebnis überhaupt gewollt ist.

Fragen Sie sich daher, *wofür* Sie mehr Zeit haben wollen. Antworten ergeben sich in erster Linie aus den Arbeitsempfehlungen des vorangegangenen Kapitels. Erst nach der Beantwortung solcher Fragen ist es sinnvoll, zielgerichtet das Thema »Zeitplanung« mit vollem Elan anzugehen.

## Zeit kann man nicht horten

»Es ist nicht wenig Zeit, was wir haben, sondern es ist viel, was wir nicht nützen.« (Seneca)

Erscheint uns diese Aussage von Seneca nicht widersprüchlich, wenn wir uns vergegenwärtigen, wie der Berufsalltag von Unternehmern und Führungskräften heute aussieht?

In einer Zeit, in der man permanent über die Verkürzung der Wochenarbeitszeit diskutiert, formulierte ein Unternehmer einmal mit Galgenhumor: »Ich liebe die 35-Stunden-Woche so, daß ich sie in einer Woche zweimal mache.«

Jedem von uns steht Tag für Tag der gleiche Zeitrahmen zur Verfügung: 24 Stunden – und keine Sekunde mehr. Niemand auf der Welt kann Zeit horten oder sich ein Zeitkapital anlegen.

Und doch: höchst unterschiedlich sind die Ergebnisse des Umgangs mit der Zeit.

Wer ist erfolgreich: der Hektische und Gestreßte oder der ruhig und bedacht Vorgehende?

Ist es nicht äußerst erstaunlich, welche Extreme es dabei gibt? Die eine Führungskraft strahlt Ruhe und Gelassenheit aus, als ob sie über ein unerschöpfliches Zeitreservoir verfüge, die andere Führungskraft dagegen würde täglich am liebsten über 40 Stunden disponieren können, arbeitet dabei hektisch und aufgeregt und überträgt dies auf ihre Umgebung.

Fragen wir uns doch einmal, welche der beiden Führungskräfte beruflich erfolgreicher ist: Sollte man nicht annehmen, daß derjenige, der nach außen hin als der besonders engagierte erscheint und der ständig in Eile ist, eigentlich der Erfolgreichere sein müßte? Denn er ist es doch, der von Termin zu Termin hetzt und ohne den überhaupt nichts zu laufen scheint.

# Der Erfolgreiche hat seine Zeit im Griff

Tatsache ist aber, daß nicht dieser Gestreßte in der Regel der Erfolgreiche ist, sondern der Überlegene, der Souveräne, der seine Zeit im Griff hat. Die Ursache dafür? Arbeitet möglicherweise der Erfolgreiche in einer Wachstumsbranche, der andere im Verdrängungswettbewerb? Das ist aber – wenn man den Umständen näher auf den Grund geht – in der Regel nicht der Fall, wie die Erfahrungen des HelfRecht-Studienzentrums es immer wieder beweisen.

*Die gleiche Branche wird oft sehr unterschiedlich beurteilt.*

*Nicht selten nehmen an den HelfRecht-Planungstagen Unternehmer und Führungskräfte teil, die aus gleichen Branchen kommen und ihre geschäftlichen Chancen extrem unterschiedlich darstellen. Der eine denkt darüber nach, sich aus seiner Branche wegen eines »ruinösen Wettbewerbs« zurückzuziehen, der andere dagegen sieht gerade in dieser Branche ein Meer von Chancen und Möglichkeiten einer weiteren positiven geschäftlichen Entwicklung.*

*Wer hat nun recht? Ist der eine ein Pessimist und der andere ein wirklichkeitsfremder Traumtänzer?*

# Jeder ist für seine Zeit verantwortlich

Die Antwort ist im richtigen Umgang mit der Zeit zu sehen. Jeder ist selbst für seine Zeit verantwortlich. Deshalb gilt es nun auch für jeden herauszufinden, wie er über seine Zeit verfügen will. Soll ihm die Zeit zwischen den Fingern zerrinnen oder soll sie sinnvoll genutzt werden? Sinnvolle Verwendung der Zeit heißt jedoch nicht, daß jede Führungskraft ständig im Beruf aktiv sein muß, sondern es geht vielmehr um eine Ausgewogenheit der beruflichen Tätigkeiten, der familiären Aktivitäten, selbstverständlich auch der erholsamen Ruhepausen.

Bei der Zeitplanung müssen neben den beruflichen selbstverständlich auch die privaten Bedürfnisse berücksichtigt werden.

Was ist der Unterschied zwischen einer exakt im Terminkalender eingeplanten halbstündigen Besprechung mit einem wichtigen Lieferanten und einer Notiz in dem gleichen Terminkalender, die uns auf die Erledigung einer bestimmten Aufgabe hinweist, die uns zu unseren selbst geplanten Zielen voranbringen soll?

Die erfolgreiche Führungskraft wird zwischen diesen beiden Eintragungen nicht unterscheiden. Sie nimmt den Termin für das Gespräch mit einem bedeutenden Lieferanten genauso ernst wie die Erledigung wichtiger Arbeiten, die der Realisierung eigener Ziele dienen.

Private Termine müssen genauso ernst genommen werden wie berufliche.

Auch der weniger Erfolgreiche, der zeitlich Gestreßte, nimmt die Terminverpflichtung mit dem Lieferanten ernst – er vernachlässigt aber die zweite Aufgabe: Wenn es zeitliche Engpässe gibt, so werden zu ihren Lasten – zu Lasten der persönlichen Ziele – andere Termine eingeschoben! Das Resultat: die ursprünglich vorgesehenen Aktivitäten unterbleiben, werden für die Freizeit oder schlimmstenfalls für den Urlaub aufgehoben.

Von einem großartigen Erlebnis möchte ich Ihnen berichten, das beispielhaft dafür ist, daß extremes zeitliches berufliches Engagement nicht notwendig ist, um sehr erfolgreich zu sein:

*Warum ein Unternehmer nicht mehr vier, sondern nur noch drei Stunden täglich arbeiten will.*

*Ein Unternehmer berichtete mir, sein Beweggrund, die Planungstage im HelfRecht-Studienzentrum zu besuchen, sei gewesen, seinen Vier-Stunden-Arbeitstag (!!!) in einen Drei-Stunden-Arbeitstag zu verkürzen.*

*Ja, Sie haben richtig gelesen! Dieser Unternehmer bewältigt heute seine beruflichen Aktivitäten in einem vierstündigen Arbeitstag und möchte diese Aktivitäten durch sinnvollere Planung noch weiter verkürzen. Und ich weiß zudem, daß dieser Unternehmer in seiner Branche, die auch in einem harten Verdrängungswettbewerb steht, außergewöhnlich erfolgreich ist.*

*Wie ist das möglich? Mir wird immer in Erinnerung bleiben, wie der Unternehmer von seinen großartigen Mitarbeitern schwärmte, die die Alltagsgeschäfte in seiner Firma genauso gut – er sprach sogar von »besser« – erledigen wie er selbst.*

*Benötigt wird er nur noch bei der Abstimmung wichtiger Entscheidungen, die über die in den Zielplänen festgelegten Vorhaben hinausgehen.*

*Dieser Unternehmer ist politisch sehr stark engagiert; er führt außerdem einen großen Sportverein, so daß sein Arbeitstag mit vielen weiteren Aktivitäten sehr ausgefüllt ist.*

Daß wir uns jetzt nicht mißverstehen: Ich sehe das unternehmerische Idealbild nicht darin, daß jemand am Tag seine beruflichen Aufgaben in vier oder in drei Stunden erledigt. Jeder muß für sich selbst entscheiden, was für ihn Lebensfreude bedeutet. Vielen Unternehmern würde man sicherlich Lebensfreude wegnehmen, würden sie nur diese kurze Zeit ihrem Hobby – nämlich ihrem Beruf – nachgehen.

Ich wollte mit diesem Beispiel jedoch aufzeigen, daß es für eine Firma durchaus möglich ist, erfolgreich in einem Verdrängungswettbewerb zu bestehen, ohne daß der Unternehmer permanent persönlich anwesend sein muß.

Wenn es gute Führungskräfte und Mitarbeiter gibt, braucht ein Unternehmer nicht mehr unbedingt täglich anwesend zu sein.

Dazu noch eine Aussage eines Unternehmensberaters, Anwender des HelfRecht-Systems. Er meinte einmal: Wer seine Zeit nicht selbst gestaltet, dem wird sie verunstaltet. Tag für Tag – ein Leben lang.

Ihre Aufgabe muß es also sein, nach Ihren eigenen Wünschen und Vorstellungen Ihren Arbeitstag zu gestalten.

Was hat sich seit Seneca (Zitat Seite 84) nicht alles verändert, das unser tägliches Leben vereinfachen und verschönern sollte? Können wir uns vorstellen, heute ohne die modernen Kommunikations- und Fortbewegungsmittel auszukommen? Meinen wir nicht, durch sie tatsächlich Zeit gewonnen oder gespart zu haben? Subjektiv vielleicht – objektiv ist dies ein Trugschluß, denn zum einen haben wir unsere Wünsche durch die technischen Möglichkeiten schneller vermehrt als den vermeintlich entstandenen Zeitgewinn. Und zum anderen: Wir müssen uns immer wieder vor Augen halten, daß sich unser Zeitrahmen von 24 Stunden pro Tag nicht verändern läßt – auch nicht durch noch so gut und hoch entwickelte Techniken.

## Orientieren wir unser Handeln an unseren Wünschen?

*Vom Fischer, der ein schönes Ziel schon erreicht hat.*

*Nachdenkenswert ist die Anekdote, die Heinrich Böll von einem vermeintlich armen Fischer und einem vermeintlich reichen Unternehmer erzählt: Ein Fischer genießt die wärmenden Sonnenstrahlen und schläft in seinem Boot am Meeresstrand. Ein Tourist – ein Unternehmer – kommt vorbei und möchte einen Schnappschuß von dieser Idylle für sein Familienalbum schießen. Durch das Klicken des Fotoapparates wacht der Fischer auf, und es kommt zu einem Gespräch. Der Unternehmer hört, welchen erfolgreichen Fischzug der Fischer in der vergangenen Nacht gemacht hatte und empfiehlt ihm, mit weiteren Investitionen (mehr Boote, bessere Ausrüstungen) die sich in dieser fischreichen Gegend bietenden Gelegenheiten besser zu nutzen. Auch den Bau einer großen Konservenfabrik legt er ihm nahe. Wenn er dann die große Fabrik besitze, könne er gute Führungskräfte beschäftigen und es sich erlauben, später einmal in der Sonne zu liegen und den Tag zu genießen.*

*Der Unternehmer hat in seiner Begeisterung über die Möglichkeiten, die er diesem Fischer empfiehlt, eines übersehen: Das, was er als verlockendes Ziel ausmalt, gehört für diesen Fischer bereits heute zum Alltag!*

Diese Anekdote ist kein Plädoyer dafür, in den Tag hineinzuleben, sondern dafür, unser Handeln immer wieder an unseren Wünschen zu orientieren und die Zeit zu genießen, die wir haben.

Leben wir tatsächlich im Heute? Genießen wir das Jetzt oder denken wir immer nur daran, was wir in fünf, zehn Jahren oder nach dem Rückzug aus dem Berufsleben alles unternehmen wollen?

*Die Zeit zu beherrschen, heißt zunächst einmal, uns selbst zu beherrschen.*

Empfehlung 14: Liste meiner Wünsche

Welche Wünsche habe ich? Was bedeutet für mich Lebenserfolg, Lebensglück? Woran möchte ich mich erfreuen können? (Wenn Sie Ihre Wünsche niedergeschrieben haben, so vergleichen Sie sie mit den Aufzeichnungen Ihrer Ziele im vorangegangenen Kapitel. Ergänzen Sie gegebenenfalls Ihre Zielformulierungen.)

# Bestandsaufnahme: Wo stehe ich heute?

Bevor Sie sich im anschließenden Kapitel verschiedene Tips zum Zeiteinsparen ansehen und sie verwerten, empfehle ich Ihnen, eine Bestandsaufnahme zu machen, wo Sie heute stehen.

Je mehr Sie über sich wissen, desto mehr können Sie auch Ihren Arbeitsstil verbessern.

Ich ermuntere Sie, dieser Empfehlung sehr sorgfältig nachzukommen, denn je mehr Sie über Ihren jetzigen Arbeitsstil notieren, desto stärker sensibilisieren Sie sich für die Anregungen, wo eventuell für Sie Verbesserungen möglich sind.

Selbstverständlich ist dabei Voraussetzung, daß Sie bereit sind, über Ihre Zeitverwendung nachzudenken und sie teilweise auch in Frage zu stellen. Davon gehe ich aber aus, denn sonst hätten Sie wahrscheinlich dieses Buch nicht zur Hand genommen.

Bedenken Sie bitte noch etwas: Wissen und Handeln sind zwei Welten.

»Es ist nicht genug zu wissen, man muß es auch anwenden; es ist nicht genug zu wollen, man muß es auch tun.«
(Johann Wolfgang von Goethe)

Wenn wir die Notwendigkeit zur Veränderung erkannt haben, müssen wir auch entsprechend handeln.

Nicht das Wissen um eine notwendige Veränderung bringt uns voran, sondern nur unsere Entscheidung, für diese Veränderung etwas tun zu wollen und schließlich – das ist zugegebenermaßen die höchste Hürde –, die Disziplin aufzubringen, konsequent an der Verbesserung zu arbeiten. Hier liegt nun der wesentliche Unterschied in der Erfolgsfähigkeit von Führungskräften. Der eine, der unbeirrt und konsequent voranschreitet, wird Schritt für Schritt eine Verbesserung seiner Lebenssituation erreichen und ist dem anderen, der nicht diese Konsequenz aufbringt, deutlich überlegen.

## Wie verwenden Sie Ihre Zeit?

Die häufigsten Beweggründe für den Besuch der HelfRecht-Planungstage.

Viele Teilnehmer an Veranstaltungen des HelfRecht-Studienzentrums formulieren ihre Wünsche an das Leistungsangebot, bevor sie an Planungstagen teilnehmen. Dabei überwiegen zum Thema Zeitmanagement folgende Aussagen; finden Sie sich wieder?

- ☐ Mein Arbeitstag ist zu lang, darunter leiden Familie, Freizeit und Hobby.
- ☐ Ich werde viel zu häufig während des Arbeitstages gestört.
- ☐ Tatsächlich wichtige Aufgaben kann ich nur außerhalb der normalen Arbeitszeit erledigen.
- ☐ Viele Aufgaben hängen noch an mir, ich kann zu wenig delegieren.
- ☐ Ich reagiere nur noch, meine Zeit wird durch andere bestimmt.
- ☐ Ich habe zu wenig Zeit, um mir über die Zukunftschancen meines Unternehmens Gedanken zu machen und Pläne anzufertigen.
- ☐ Die Organisation meines Unternehmens hat mit dem Wachstum nicht Schritt gehalten.

- ☐ Meinen privaten Partnern gegenüber habe ich ein schlechtes Gewissen, weil ich zu wenig Zeit für sie habe.
- ☐ Ich fühle mich »gelebt«; ich habe keine persönlichen Freiräume, in denen ich einmal »ich selbst« sein kann.
- ☐ Zuviel Terminhetze.
- ☐ Unangenehme Arbeiten werden zu lange aufgeschoben.
- ☐ Ich unterscheide nicht zwischen Wichtigem und Dringendem.
- ☐ Meine Mitarbeiter sind schlecht motiviert und entlasten mich daher zu wenig.
- ☐ Ich arbeite nicht effizient genug.
- ☐ Gegenüber früher hat meine Kreativität stark nachgelassen.

Und nun eine Arbeitsempfehlung:

Empfehlung 15: Probleme mit der Zeitverwendung

Ich kreuze die Aussagen an, die auch für mich zutreffen. Ich ergänze auf einem gesonderten DIN-A4-Blatt, was mich darüber hinaus zusätzlich hinsichtlich meiner Zeitverwendung bewegt.

Mit dem Ankreuzen und dem Ergänzen der für Sie außerdem noch wichtigen Faktoren konzentrieren Sie Ihre Aufmerksamkeit auf die Lösungsvorschläge, die zu den für Sie wichtigen Aussagen in den beiden folgenden Kapiteln gemacht werden.

Denn Ziel dieses Buches ist es, Ihnen zu helfen, aus einer möglichen Negativ-Spirale *(Abbildung 10)* der zeitlichen Überlastung herauszukommen und wieder Souverän Ihrer Zeit zu werden – also in den Aufwärtstrend einer Positiv-Spirale *(Abbildung 11)* zu gelangen.

- ☐ Unerledigte Aufgaben wachsen an
- ☐ Am Abend ausgelaugt und müde
- ☐ Arbeitstag immer länger
- ☐ Erfolgsgefühle immer seltener
- ☐ Unlustgefühl wächst
- ☐ Private Wünsche werden zurückgestellt
- ☐ Resignation
- ☐ Ständige Überlastung
- ☐ Mißerfolge

*Abbildung 10: Zeitverwendung: die Negativ-Spirale (zeitliche Überlastung).*

- ☐ Wichtiges hat Vorfahrt
- ☐ Tagesvorbereitung mit Prioritäten
- ☐ Zeitreserven für Unvorhergesehenes
- ☐ Rcalistische Zeitbedarfs-Einschätzungen
- ☐ Freiräume für Zukunftsplanungen
- ☐ Erfolge feiern
- ☐ Kraft schöpfen durch Erfüllung von Wünschen

= *Programmiert auf Erfolg*

*Abbildung 11: Zeitverwendung: die Positiv-Spirale (Souverän seiner Zeit sein).*

Und nun einige Arbeitsempfehlungen; benutzen Sie zur Formulierung Ihrer Gedanken wieder gesonderte DIN-A4-Blätter.

Empfehlung 16: Analyse meines Arbeitstages

Wie sieht mein heutiger Arbeitstag aus?

a) Wie ist mein Arbeitsstil? Was möchte ich ändern? Was belastet mich? Wofür habe ich zu wenig Zeit?
b) Welches sind die Ursachen für das, was ich unter a) zusammengetragen habe?
c) Welche Gefahren könnten entstehen, wenn es mir nicht gelänge, das zu verändern, was mich belastet?

Empfehlung 17: Mein idealer Arbeitstag

Ich beschreibe das Idealbild eines Arbeitstages – und zwar so, als ob dieser Arbeitstag bereits Realität sei. Ich schreibe also: »Ich habe erreicht, daß ...« und vermeide Formulierungen, die noch offen lassen, ob ich mein Ziel realisiere (»Ich wünsche, daß ...«/»Ich hoffe, daß ...«/»Ich würde mich freuen über ...«). Aus dieser Darstellung soll zu erkennen sein, wie wichtig mir dieses Ziel ist. Ich wähle deshalb Worte, die mich begeistern können, denn ich will mich in dieses Ziel verlieben. Ich will große Lust verspüren, alles daran zu setzen, dieses Idealbild eines Tages zu erreichen. Wenn jemand meine Aufzeichnungen läse, so müßte der Betreffende spüren, was mir die Erreichung dieses Zieles wert ist.

Empfehlung 18: Zeitverwendung im privaten Bereich

Meine Zeitverwendung im *privaten* Bereich:

a) Was möchte ich ändern? Was belastet mich? Wozu habe ich zu wenig Zeit?
b) Welches sind die Ursachen für a)?
c) Welche Gefahren könnten entstehen, wenn es mir nicht gelänge, das zu verändern, was mich belastet?

Hier formuliere ich das Idealbild meiner Zeitverwendung im *privaten* Bereich – und zwar so, als ob ich es bereits erreicht hätte. Ich schreibe: »Ich habe erreicht, daß ...« und vermeide Formulierungen, die noch offen lassen, ob es mir gelingt, diese Ziele zu realisieren.

Empfehlung 19: Ideale Zeitverwendung im privaten Bereich

Wenn Sie die vorgeschlagenen vier Empfehlungen bearbeitet haben, sollten Sie sich zusätzlich einen Überblick darüber verschaffen, wo Sie hinsichtlich Ihrer Zeitverwendung heute stehen.

Die *Abbildung 12* (Seite 98) ist hier eine gute Hilfe: Kreisen Sie die Ziffer ein, die Ihre jetzige Situation aus Ihrer Sicht am besten beschreibt. Die »1« steht dabei für eine besonders gute Erledigung der entsprechenden Aufgabe, während die »5« einer mangelhaften Durchführung entspricht – ein Notensystem ähnlich dem der Schule. Wenn Sie beispielsweise alle Besprechungen gut vorbereiten, so kreisen Sie die »1« bei »Besprechungen« ein.

Wenn Sie nach Beurteilung Ihrer Ziele die eingekreisten Ziffern mit einer Linie verbinden, erhalten Sie eine Art »Polaritätenprofil« für die Verwendung Ihrer Zeit – Ihr Zeitverwendungsprofil.

Mein Vorschlag: Bearbeiten Sie diesen Kurzüberblick in regelmäßigen Abständen – vielleicht anfangs monatlich, später viertel- oder halbjährlich. Ermitteln Sie jeweils nach der beschriebenen Vorgehensweise Ihr Zeitverwendungsprofil – und Sie werden rasch erkennen, in welchen Bereichen sie noch an sich arbeiten müssen und wo Sie Ihre Ziele bereits erreicht haben.

Das »Zeitverwendungsprofil« sollte in regelmäßigen Abständen überarbeitet werden.

*Abbildung 12: Checkliste: »Wo stehe ich heute?«*

# Zeitverwendungsprofil

*Ziele*

| | | |
|---|---|---|
| klare Zielformulierungen | 1-2-3-4-5 | keine Ziele |

*Prioritäten setzen*

| | | |
|---|---|---|
| immer | 1-2-3-4-5 | selten, nie |

*Störungen*

| | | |
|---|---|---|
| weitgehend ausgeschlossen | 1-2-3-4-5 | immer möglich |

*Ordnung am Arbeitsplatz*

| | | |
|---|---|---|
| aufgeräumt | 1-2-3-4-5 | durcheinander |

*Besprechungen*

| | | |
|---|---|---|
| immer gut vorbereitet | 1-2-3-4-5 | nicht vorbereitet |

*Bearbeitung von wichtigen Aufgaben*

| | | |
|---|---|---|
| sofort | 1-2-3-4-5 | gern aufgeschoben |

*Zeiteinteilung*

| | | |
|---|---|---|
| jeder Tag wird vorbereitet | 1-2-3-4-5 | keine Vorbereitung |

# Praxistips zur Zeiteinsparung

4

# Klare Ziele als Handlungs- und Orientierungsrahmen

*Ziellos auf die Reise gehen?*

*Können Sie sich vorstellen, daß Sie in Ihren Urlaubskoffer die passenden Kleidungsstücke legen, ohne vorher zu wissen, ob Sie an die Nordsee, in die Alpen oder auf die Kanarischen Inseln reisen? Gewiß nicht. Denn Ihr Urlaubsziel ist Handlungs- und Orientierungshilfe für Sie, die Koffer richtig zu packen.*

Maxwell Maltz formuliert in seinem lesenswerten Buch »Erfolg kommt nicht von ungefähr«: »Der Mensch ist ein zielgerichtetes Wesen. Weil das so ist, wird er nicht glücklich, bevor er nicht so handelt, wie er von seiner Prägung her bestimmt ist.«

Die beiden folgenden *Abbildungen* verdeutlichen diese Aussage.

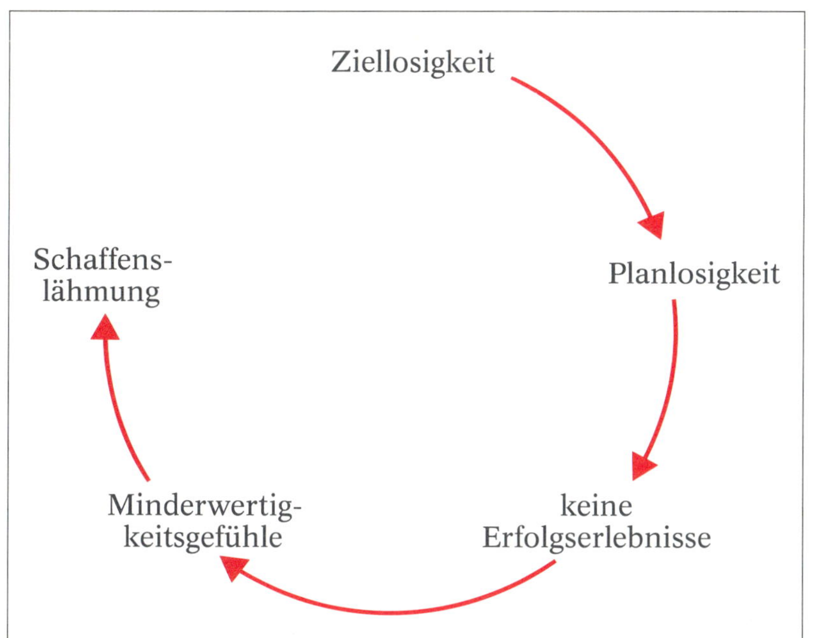


*Abbildung 13: Mißachtung der menschlichen Grundstruktur.*

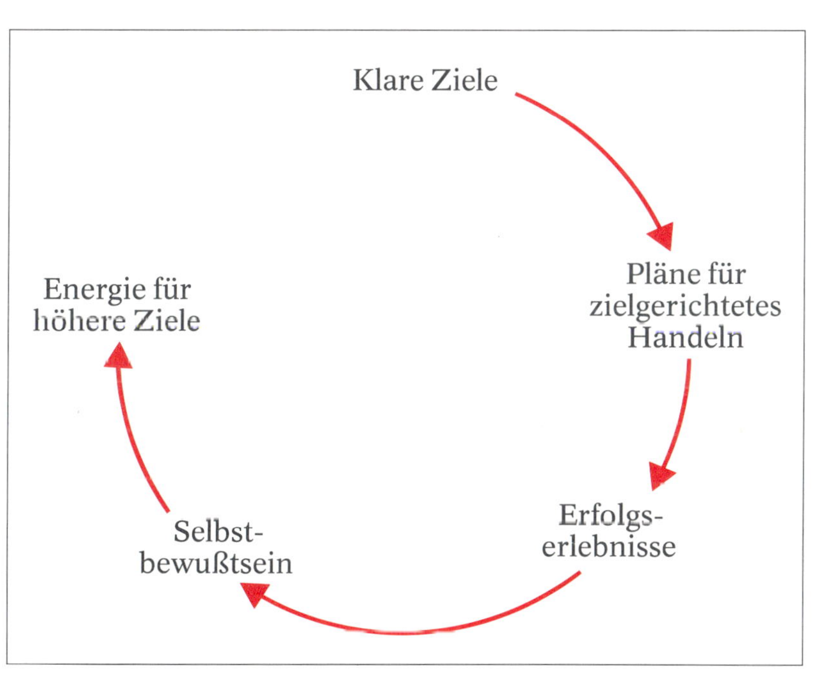


*Abbildung 14: Beachtung der menschlichen Grundstruktur.*

Woran können wir unsere Tätigkeiten für den nächsten Tag, die nächste Woche, den nächsten Monat oder auch das Jahr orientieren, wenn wir nicht wissen, welches übergeordnete Ziel wir anstreben?

Wichtiger als Zeitmanagement sind klare Ziele.

Hier ist der Schlüssel für ein optimales Zeitmanagement zu sehen. Alle Praxistips, wie mit der uns zur Verfügung stehenden Zeit am sinnvollsten umgegangen werden kann, sind deshalb gegenüber der Notwendigkeit, klare Ziele zu formulieren, von vollkommen untergeordneter Bedeutung!

Ist es ein Zufall, daß gerade in den Führungsebenen mittelständischer Unternehmen das Problem der zeitlichen Überforderung einerseits so gravierend ist und eine Untersuchung andererseits belegt, daß ein Großteil aller dieser Firmen nicht über schriftlich formulierte Unternehmensziele verfügt?

*Erholung muß sein!*

*Als Leiter von Planungstagen im HelfRecht-Studienzentrum beobachte ich immer wieder, daß in der Regel nicht die Teilnehmer, die mehr als 10 Stunden täglich arbeiten, erfolgreich und zuversichtlich sind. Im Gegenteil: Eher diejenigen, die über ausreichende Freizeit und Erholungsphasen als unverzichtbaren Lebensbestandteil verfügen und diese Erholungsphasen auch genießen, leiten erfolgreiche Firmen und blicken mit Zuversicht in die Zukunft. Denn es ist eine Tatsache: Erholungsphasen sind d i e Kraftquelle für jede Führungskraft.*

*Unvergessen ist mir, was einmal ein mittelständischer Unternehmer zu einer Führungskraft sagte: »Ihre Aufgabe darf nicht sein, wie ein*

*Heizer im Maschinenraum eines Ozeandampfers fleißig Kohlen in die Feuerungsanlage zu schaufeln, während sich das Schiff im Kreise dreht. Ihr Platz ist auf der Kommandobrücke.«*

Fragen wir uns daher immer wieder bei unseren beruflichen Tätigkeiten: Sind wir im Moment Heizer oder Kapitän unseres Lebensschiffes?

Damit nun kein Mißverständnis entsteht: Selbstverständlich hat jede Führungskraft auch Routineaufgaben zu erledigen. Es gibt hier kein Entweder – Oder. Entscheidend für unseren Erfolg ist vielmehr das Verhältnis von Routineaufgaben zu den wichtigen Aufgaben einer Führungskraft.

Was sind Sie: Heizer oder Steuermann Ihres Lebensschiffes?

Die Aufgabe eines Kapitäns ist es, das Ziel des Schiffes nicht aus dem Auge zu verlieren. Er muß rechtzeitig erkennen, wo vielleicht Klippen und Sandbänke vorhanden sind und das Schiff um diese Untiefen souverän herumsteuern. Klare Ziele sind also Ihre Handlungs- und Orientierungshilfen.

Wie erarbeiten Sie sich jedoch klare Ziele, die zu Ihnen, zu Ihren Begabungsstärken, zu Ihren Wünschen passen? Sie sehen, hier schließt sich der Kreis: Kein noch so gutes Zeitmanagement ersetzt eine sorgfältige Analyse und Zielfindungsarbeit, wie Sie sie im Kapitel 2 bei der Erläuterung der fünf Stufen des HelfRecht-Systems kennengelernt haben.

Sie schließen mit dieser unbedingt notwendigen Vorarbeit die Gefahr aus, Zeit und Geld für die Realisierung von Teilzielen zu investieren, die letzten Endes für Sie keine große Bedeutung haben.

# Auch Mitarbeiter brauchen Ziele

Beteiligen Sie Ihre Mitarbeiter an der Formulierung der Jahreszielpläne!

Lassen Sie Ihre Mitarbeiter Energien nicht an Projekten verbrauchen, die eine untergeordnete Bedeutung haben! Ideal ist es vielmehr, wenn Sie – wie schon im Kapitel 2 erwähnt – Ihre Mitarbeiter an der Gestaltung der kurzfristigen Ziele mitwirken lassen und selbst nur noch die mittel- und langfristigen Unternehmensziele als Orientierungsrahmen für kurzfristige Ziele vorgeben. In die Erarbeitung des aktuellen Unternehmens-Jahreszielplanes beziehen Sie dann Ihre Mitarbeiter ein. Um das dabei bewährte Vorgehen noch einmal zu erläutern: Sinnvoll ist es, daß der Unternehmer den *ersten* Jahreszielplan selbst erstellt und ihn dann den Mitarbeitern erläutert. Während des ersten Jahres der Realisierungsphase dieses Unternehmens-Jahreszielplanes sammeln die Mitarbeiter dann Ideen für den nächsten Jahreszielplan.

Schon drei Monate vor Beginn des neuen Geschäftsjahres wird mit der Formulierung des neues Jahreszielplans begonnen.

Diese Ideensammlung geht rechtzeitig – etwa 1/4 Jahr – vor Ablauf des Geschäftsjahres an den Vorgesetzten. Er ergänzt die Ideensammlung der Mitarbeiter um seine eigenen Vorstellungen darüber, welche Schwerpunkte im nächsten Geschäftsjahr gesetzt werden sollen und erstellt ein Rohkonzept eines Jahreszielplanes für das Folgejahr. Dieses Konzept wird dann vor der endgültigen Verabschiedung nochmals mit den Mitarbeitern besprochen. Ziel der Besprechung ist es, über die Zielinhalte und die jeweiligen Prioritäten völlig übereinzustimmen – denn jeder muß auch emotional hinter den gemeinsam verabschiedeten Zielen stehen.

Versuchen Sie als Führungskraft – soweit es geht –, auch Zielformulierungen Ihrer Mitarbeiter in den verbindlichen Jahreszielplan aufzunehmen. Dadurch erreichen Sie eine besonders hohe Identifikation mit den Zielen und bewirken, daß solche Ziele mit besonderem Engagement verfolgt werden.

Zeiteinsparung

Für Sie sind klare Zielvorgaben der wichtigste Faktor zur Einsparung von Zeit im Arbeitsalltag – und das gilt auch für Ihre Mitarbeiter! Sie können jede Arbeit an der nun festliegenden Meßlatte der gemeinsam erarbeiteten Ziele prüfen und entscheiden, ob und wann die jeweiligen Aufgaben erfüllt werden. Diese Unterscheidung ist aber nur möglich, weil klare Zielvorgaben vorhanden sind.

Klare Ziele bedeuten Zeiteinsparung.

Die Gesellschaft für betriebliche Weiterbildung in Berlin hat untersucht, welche Wünsche Mitarbeiter an ihre Tätigkeit haben und die Ergebnisse in zwei Tabellen dargestellt *(Abbildung 15)*.

Sehen Sie sich diese Aufstellung genau an. Ist meine Aussage überzogen, wenn ich sage, daß es sich um eine Bankrotterklärung des Führungsstils von Vorgesetzten handelt, wenn sie die Wünsche ihrer Mitarbeiter so falsch einschätzen?

Wissen Sie, was Ihre Mitarbeiter wollen?

Die Mitarbeiter setzten in ihrer Wunschliste an die erste Stelle: Anerkennung für gut geleistete Arbeit; dann folgten bereits die Wünsche nach genauer Kenntnis des Produktes und der Firmenzielsetzung. Nach der Meinung der Führungskräfte rangierten diese Wünsche dagegen erst unter »ferner liefen«, nämlich auf den Plätzen 8 und 10. Welches Potential der Mitarbeitermotivation liegt hier brach?! Welche Schlußfolgerung ist daraus zu ziehen?

*Abbildung 15: Wünsche der Mitarbeiter an ihre Tätigkeit.**

| Das, so meinen Mitarbeiter, sei wichtig für ihre Tätigkeit | ... und das, glauben Führungskräfte, sei ihren Mitarbeitern wichtig |
|---|---|
| 1. Anerkennung für gut geleistete Arbeit | 1. Gutes Einkommen |
| 2. Genaue Kenntnis des Produktes und der Firmenzielsetzung | 2. Gesicherter Arbeitsplatz |
| 3. Eingehen auf private Sorgen | 3. Wohlergehen der Firma |
| 4. Gesicherter Arbeitsplatz | 4. Gute Arbeitsbedingungen |
| 5. Gutes Einkommen | 5. Interessante Arbeit |
| 6. Interessante Arbeit | 6. Loyalität zwischen Arbeitnehmer und Arbeitgeber |
| 7. Wohlergehen der Firma | 7. Höflichkeit der Führungskräfte |
| 8. Loyalität zwischen Arbeitnehmer und Arbeitgeber | 8. Anerkennung für gut geleistete Arbeit |
| 9. Gute Arbeitsbedingungen | 9. Eingehen auf private Sorgen |
| 10. Höflichkeit der Führungskräfte | 10. Genaue Kenntnis des Produktes und der Firmenzielsetzung |

* Nach einer Untersuchung der Gesellschaft für betriebliche Weiterbildung, Berlin

Zeiteinsparung

Wenn Führungskräfte die tatsächlichen und nicht die vermeintlichen Wünsche ihrer Mitarbeiter in ihre Handlungsmaximen und die Unternehmensziele einbeziehen, brauchen sie sich über das so oft zitierte und auch strapazierte Thema der Mitarbeitermotivation keine Gedanken mehr zu machen.

Neben der Motivation von Mitarbeitern bietet die Bekanntgabe von Zielen einen weiteren Vorteil: Mit klar formulierten Jahreszielen können die Mitarbeiter einzelner Abteilungen ihre Aktivitäten aufeinander abstimmen. So vergrößern sie die Durchschlagskraft des Unternehmens am Markt und verzetteln ihre Kräfte nicht, wie es in der ersten der beiden folgenden *Abbildungen* gezeigt wird: Verschiedene Abteilungen eines Unternehmens – es kann sich durchaus auch um verschiedene Mitarbeiter eines Betriebes handeln – favorisieren unterschiedliche Produkte/Dienstleistungen. Jeder Mitarbeiter jeder Abteilung gibt sein größtes Engagement, erreicht aber nur eine äußerst geringe Wirkung am Markt.

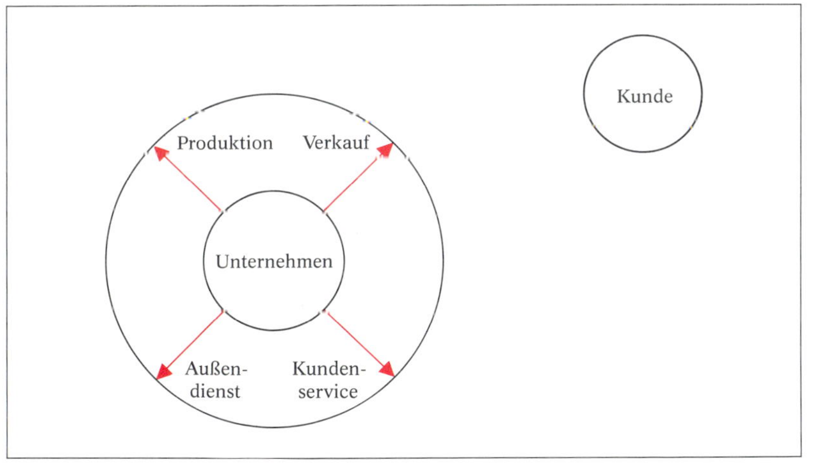


*Abbildung 16: Situation in einem Unternehmen ohne klare Zielvorgaben: Jede Abteilung gibt ihr Bestes. Die Aktivitäten sind nicht aufeinander abgestimmt und erreichen den Markt gar nicht.*

Die zweite der beiden *Abbildungen* zeigt dagegen die Wirkung am Markt, wenn sich durch klare Zielfestlegungen die Aktivitäten der Mitarbeiter aller Abteilungen in einem Betrieb addieren.

*Abbildung 17: Situation in einem Unternehmen mit klaren Zielen: Erst die Konzentration aller Kräfte auf schriftlich festgelegte Ziele schafft die notwendige Durchschlagskraft.*

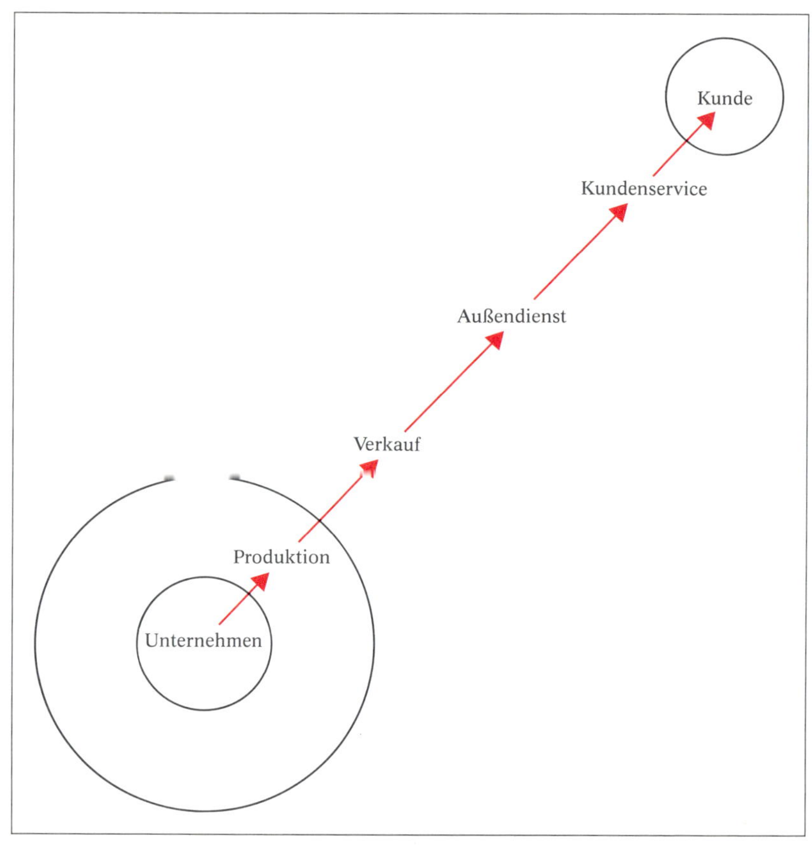


Empfehlung 20: Kennen meine Mitarbeiter die wichtigsten Ziele?

Wissen meine Mitarbeiter, welche drei wichtigsten Ziele unser Unternehmen im laufenden Geschäftsjahr anstrebt? Ich frage meine Führungskräfte einzeln; decken sich deren Aussagen?

Kompetenz am Markt erreicht ein Unternehmen dann, wenn es klare Aussagen über seine Leistungsfähigkeit auf den verschiedenen Tätigkeitsgebieten machen kann. Wie aber kann dieses Ziel erreicht werden, wenn nicht einmal bei der Mehrzahl der mittelständischen Unternehmen die Mitarbeiter die angestrebten Ziele kennen?

Zeiteinsparung

Ein weiterer positiver Gesichtspunkt, der für klare Zielvorgaben spricht: Mitarbeiter einer Firma, die von ihrer Geschäftsleitung über Ziele unterrichtet sind, können viele nützliche Informationen an ihre Vorgesetzten herantragen. Vier Augen und Ohren sehen und hören mehr als zwei; zwanzig entsprechend mehr. Wir erreichen also durch Bekanntgabe der Ziele ein Wir-Gefühl in unserer Mannschaft und mobilisieren dadurch beträchtliche Leistungsreserven. Irgendwelche anderen Rationalisierungsmaßnahmen haben dazu im Vergleich eine wesentlich geringere Wirkung.

Klare Ziele fördern auch den Informationsfluß.

## Vorbild sein bei der Realisierung der Ziele

*An einem Negativ-Beispiel möchte ich Ihnen zeigen, wie man es nicht machen soll: Ich arbeitete in einem Unternehmen, dessen Inhaber vor Kreativität nur so sprudelte. Das Ergebnis: Permanent wurden neue Ideen geboren, die alten, die noch nicht vollständig umgesetzt waren, verworfen und neue Prioritäten gesetzt.*

*Was geschieht, wenn die Konsequenz bei der Realisierung von Zielen fehlt?*

*Können Sie sich die daraus entstehende Hektik vorstellen? Ein weiterer, meines Erachtens ganz entscheidender negativer Aspekt kommt außer der Hektik bei der Betrachtung dieser nicht zu empfehlenden Vorgehensweise hinzu: Die Mitarbeiter, die immer wieder begonnene Arbeiten abbrechen mußten, wurden sehr frustriert. Sie verloren die Freude an der Arbeit, da sie sich kaum über ein erfolgreiches Ergebnis freuen konnten.*

Daß wir uns richtig verstehen: Ein Unternehmer hat die Aufgabe, als Verantwortlicher für den Betrieb permanent über die richtigen Prioritäten nachzudenken. Aber nur in Ausnahmefällen sollten festgelegte Prioritäten, die schließlich auch einmal sorgfältig bedacht wurden, umgestoßen werden.

Konzentration auf eine Sache ist wichtig für den Erfolg.

Erinnern wir uns an die Aussage im zweiten Kapitel, wie der Volksmund einen Erfolgreichen nennt? Man bezeichnet ihn als denjenigen, der schon immer wußte, was er wollte. Ihn zeichnet also eine Konstanz im Handeln aus; er verfolgt konsequent seine Ziele.

Wenn der geniale Erfinder Thomas Alfa Edison nach einem Rezept für seine bedeutenden Erfindungen gefragt wurde, so antwortete er sinngemäß immer wieder: Ich habe mich nur auf eine Sache konzentriert.

# Prioritäten setzen!

Aus der Management-Literatur ist folgende Begebenheit bekannt:

*Die wichtigsten Aufgaben zuerst bearbeiten!*

*Der Präsident der Bethlehem Steel Corporation of America, Charles M. Schwab, traf an einer Bar mit einem jungen Unternehmensberater, Ivy Lee, zusammen. Dieser äußerte den Wunsch, auch einmal für das Unternehmen arbeiten zu dürfen. Schwab stellte zwei Bedingungen für einen ersten Auftrag: Er wolle zuerst den Vorschlag des Beraters anhören und der Berater müsse es ihm überlassen, welches Honorar er für diesen Vorschlag bezahlen würde.*

*Lee ging auf diese beiden Bedingungen ein. Es ergab sich dann folgendes Gespräch: Schwab wurde gefragt, ob er und seine wichtigsten Mitarbeiter sich eine Liste der täglich zu erledigenden Arbeiten anlegten. Diese Frage bejahte er. Der Vorschlag des Beraters lautete nun: Schreiben Sie, bevor Sie Ihre Arbeit am Morgen beginnen, die wichtigsten sechs Aufgaben des Tages auf und numerieren Sie sie in der Reihenfolge ihrer Wichtigkeit. Dann bearbeiten Sie diese Aufgaben in der von Ihnen festgelegten Reihenfolge.*

*Nach wenigen Monaten erhielt der junge Berater einen Scheck über 25.000 Dollar mit dem Vermerk, daß dieser Vorschlag für ihn – Charles M. Schwab – der profitabelste war, den er je bekommen hatte. In fünf Jahren gelang es Schwab, aus dem bis dahin unbekannten Unternehmen Bethlehem Steel Corporation den größten unabhängigen Stahlproduzenten der Welt aufzubauen.*

Was bedeutet das für uns? Wir können sicherlich davon ausgehen, daß dieser Großbetrieb mit mehreren tausend Mitarbeitern recht gut organisiert war. Daher ist es besonders erstaunlich, daß der Vorschlag des jungen Beraters dem Firmenpräsidenten soviel Geld wert war.

Besonders wichtig zur Entlastung: Setzen Sie Prioritäten!

Vollziehen auch Sie einmal das in Ihrem eigenen Aufgabenbereich nach, was jener Unternehmensberater seinerzeit Charles M. Schwab empfahl. Sie werden erfahren, daß sich durch das Setzen von Prioritäten eine fast unglaubliche Arbeitsentlastung ergibt.

Und auch hier trifft zu, was schon Goethe sinngemäß schrieb: Gegenüber der Fähigkeit, die Arbeit eines einzigen Tages sinnvoll zu gestalten, ist alles andere im Leben ein Kinderspiel.

Das heißt also für uns: Hier ist der wichtige Ansatzpunkt für eine sinnvolle Zeitplanung. Niemand kann uns diese Aufgabe abnehmen, denn nur wir können für unsere Situation jeweils festlegen, was für uns wichtig und was unwichtig ist.

Empfehlung 21: Prioritäten im Tagesablauf

Bevor ich weiterlese, nehme ich meinen Aufgabenplan für den nächsten Tag zur Hand. Ich lege fest, was ich als erstes, was als zweites, als drittes ... erledigen will. Ich setze Prioritätsziffern mit Bleistift ein, um so bei unvorhersehbaren Zusatzaufgaben die Reihenfolge ändern zu können.

Drei Auswahlmöglichkeiten biete ich Ihnen an, wie Sie in Zukunft Prioritäten für Ihre täglichen Arbeiten festlegen können. Entscheiden Sie, welche Ihnen aufgrund Ihres Arbeitsstiles am meisten liegt.

*Alternative 1*

Pro Tätigkeit setzen Sie je eine Zahl hinter die jeweilige Aufgabe. Wenn etwa 14 Aufgaben zu erledigen sind, numerieren Sie die Aufgaben in der Reihenfolge durch, in der Sie sie erledigen wollen, also von 1 bis 14. Diese Vorgehensweise hat den Vorteil, daß Sie die Bearbeitungsreihenfolge exakt festlegen können. Sie hat aber den Nachteil, daß Sie bei einem eingeschobenen Termin, der wichtig ist, die Priorität aller nachfolgenden Aufgaben ändern müssen.

Es gibt verschiedene Möglichkeiten, im Tagesplan Prioritäten zu setzen. Gewöhnen Sie sich jedoch daran, stets gleich vorzugehen.

*Alternative 2*

Sie vergeben nur drei Prioritätsklassen, nämlich eine »1« für die Aufgaben, die am gleichen Tag unbedingt erledigt werden müssen; eine »2« für die Aufgaben, die Sie an diesem Tag außerdem gern noch zusätzlich erledigen möchten; eine »3« erhalten schließlich jene Aufgaben, die auch auf einen anderen Tag übertragen werden könnten.

*Alternative 3*

Sie fassen Arbeitsblöcke zusammen. So können Sie beispielsweise gleiche Ziffern etwa für Telefongespräche vergeben.

Der Vorteil dieser Alternative: Sie können damit den Arbeitstag in Arbeitsblöcke strukturieren. Von Nachteil ist jedoch, daß beispielsweise nicht alle Telefonate in der gewünschten Reihenfolge erledigt werden können, wenn wir etwa erfahren, daß ein gewünschter Gesprächspartner zur Zeit nicht im Büro ist und erst in zwei oder drei Stunden erreicht werden kann.

Sie werden überrascht sein, wie positiv sich die Festlegung der Arbeitsreihenfolge auf Ihren Arbeitsstil auswirkt. Sie werden ruhiger, gelassener und mit viel mehr Freude – und damit zwangsläufig mit mehr Erfolg – Ihren Arbeitsalltag meistern. Wichtig ist aber nicht das Wissen um die Arbeitserleichterung durch das Setzen von Prioritäten; Sie müssen vielmehr selbst erleben, daß mit dieser Arbeitsweise eine ganz wesentliche Arbeitserleichterung erreicht werden kann. Vollziehen Sie durch diese Vorgehensweise das Erfolgserlebnis doch einmal selbst nach, das Charles M. Schwab von Bethlehem Steel hatte.

Aus meinem Berufsleben möchte ich folgende Erfahrung zu diesem Thema schildern:

*Was hat Priorität? Einfache oder schwierige Aufgaben zuerst erledigen?*

*Als junger Angestellter wurde ich durch sehr günstige Umstände Abteilungsleiter, da mein Vorgesetzter überraschend aus dem Unternehmen ausschied. Da mir noch einige Berufserfahrung fehlte, nahm der Stapel der unerledigten Aufgaben relativ rasch zu.*

*Um diesen Stapel nicht ins Uferlose anwachsen zu lassen, verschaffte ich mir täglich einen Überblick, welche Aufgaben noch zu erledigen waren und zog jene Vorgänge aus dem Stapel heraus, für deren Erledigung ich nur kurze Zeit benötigte.*

*Das Ergebnis war nur auf den ersten Blick befriedigend. Der Stapel der zu erledigenden Arbeiten hatte zwar umfangmäßig schnell abgenommen, aber die schwierigen Aufgaben, zu deren Erledigung ich mehr Zeit benötigte, blieben bei den unerledigten Vorgängen liegen. Die zwangsläufige Folge: Ständig plagte mich mein Gewissen, daß dieser und jener Vorgang unbedingt noch heute erledigt werden müsse. Unmöglich war es, vollkommen konzentriert an den leichteren Aufgaben zu arbeiten, deren Erledigung ich vorgezogen hatte.*

*Kennen auch Sie schlaflose Nächte; fällt auch Ihnen abends oder nachts beispielsweise ein, was eigentlich heute hätte erledigt werden müssen, welche Besprechungen für den nächsten Tag noch nicht genügend vorbereitet sind?*

*Von heute auf morgen war bei mir der geschilderte Belastungsdruck jedoch vorbei, indem ich so vorging, wie oben beschrieben: Wenn eine schwierige Aufgabe für den betreffenden Tag Priorität 1 hatte, so wurde sie auch als erstes erledigt.*

*Kennen Sie das Gefühl befreiten Aufatmens, eine schwierige Aufgabe gelöst zu haben und dann mit noch mehr Energie die nächsten Arbeiten erledigen zu können? Und wie häufig habe ich dabei auch festgestellt, daß ich den Zeitaufwand für die Erledigung einer Aufgabe, die ich schon längere Zeit vor mir herschob, gewaltig überschätzt hatte. Tagelang ließ ich mir meine Arbeitsstimmung von jener vermeintlich schwierigen und langwierigen Aufgabe beeinträchtigen.*

*Was hat das an Zeit, Kraft und Stimmung gekostet!*

Glauben Sie nicht auch, daß insgesamt an einem Arbeitstag, an dem Sie mit der gerade beschriebenen Vorgehensweise arbeiten, nämlich daß vorher Prioritäten gesetzt sind, wesentlich mehr von Ihnen geschafft wird als wenn Sie immer mit einem Auge auf den Stapel der noch zu erledigenden Vorgänge schielen?

Ich wünsche mir, daß Sie diese Erfahrungen machen, indem Sie gleich morgen meinen Vorschlag in die Praxis umsetzen. Beachten Sie bitte: theoretisches Wissen und praktisches Tun sind zwei Welten.

## Nicht erledigte Aufgaben wirken belastend

*Müde macht uns, was wir nicht erledigen.*

*Eine Studie amerikanischer Ärzte ist in diesem Zusammenhang sicherlich ebenfalls interessant. Die Mediziner untersuchten, welche Faktoren im Arbeitsalltag zur Ermüdung des Menschen besonders beitragen. Sie erkannten, daß wir nicht ermüden durch die Fülle der Aufgaben, die erledigt wurden, sondern durch die nicht erledigten, die vor uns hergeschobenen Aufgaben. Diese Erfahrung hat offensichtlich schon so manche Führungskraft gemacht, denn mir fällt während der Planungstage immer wieder auf, daß nicht wenige bei der Aussage der amerikanischen Mediziner zustimmend nicken.*

Überlegen Sie bitte, wann Sie sich besonders gestreßt und erschöpft fühlen. Ist es nach einem Arbeitstag, an dem Sie besonders schwierige Aufgaben zu Ihrer Zufriedenheit lösten, an dem es Ihnen gelungen ist, eine heikle Verhandlung erfolgreich abzuschließen oder an dem Sie mit Erfolg eine peinliche Reklamation aus der Welt schaffen konnten? – Oder aber fühlen Sie sich nicht gerade dann gestreßt und müde, wenn Sie abends resignierend feststellen müssen, daß außer einer Vielzahl von Routineaufgaben nichts bewegt wurde und die eigentlich wichtigen Aufgaben, die Sie erledigen wollten, auf später – vielleicht sogar auf die Abendstunden der Freizeit – verschoben wurden? In diesem Fall ist doch sicher Ihre Stimmung gleich auf dem Nullpunkt.

Was konnte erledigt werden: Routinetätigkeiten oder wichtige unternehmerische Aufgaben?

Wie oft mußten wir das, was die amerikanischen Wissenschaftler festgestellt haben, schon selbst erleben? Die Frage ist nur, wie wir diese Erkenntnis für die Zukunft verwerten.

Analysieren Sie einmal, welche Arbeiten Sie am häufigsten vor sich herschieben. Das sind in der Regel jene Aufgaben, die Sie nicht gern ausführen. Fragen Sie sich, ob Sie diese Aufgaben nicht an andere Mitarbeiter delegieren können. Auch hieraus können Sie Rückschlüsse auf Ihr Begabungsprofil – Kapitel 2 – ziehen.

# Wie unsere Bewußtseinsebenen auf uns wirken

Erinnern Sie sich, wie wichtig es ist, einen zeitlichen Abstand zwischen dem Erkennen einer Aufgabe und dem Handeln – Stichwort »Anti-Grübel-Methode« – zu haben? Die Gehirnfunktionen machen die Zusammenhänge deutlich.

Unser Bewußtsein kann stark vereinfacht in drei verschiedenen Ebenen dargestellt werden *(Abbildung 18)*.

Drei Bewußtseinsebenen beeinflussen unsere Entscheidungen.

Für unsere täglichen Arbeiten und für unsere rationalen Entscheidungen stehen uns die Wissensinhalte, die Erfahrungswerte und Informationen der Bewußtseinsebene 1 (das »Bewußtsein«) zur Verfügung.

Die meisten der Informationen, die über unsere Sinne täglich auf uns einströmen, registriert das Bewußtsein gar nicht. Die Informationen sind jedoch zum Teil in den beiden Bewußtseinsebenen 2 und 3 abgespeichert: im Unterbewußtsein und im Unbewußtsein. Dies haben Hypnoseversuche bewiesen. Sogar Informationen, die der gesamten menschlichen Rasse gemein sind und über Tausende von Jahren vererbt wurden, gehören zum Unbewußtsein.

Unsere Lebenserfahrungen und Erkenntnisse aus der Vererbung sind also in uns gespeichert – und wenn wir eine Aufgabenliste für den nächsten Tag erstellt haben, sucht unser Gehirn in den

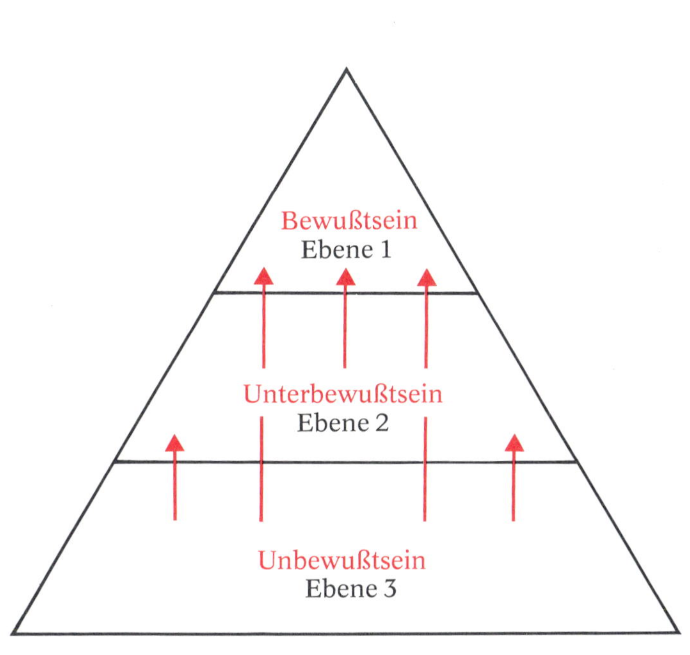


*Abbildung 18: Unsere Bewußtseinsebenen.*

*In drei Bewußtseinsebenen ist unser Wissen gespeichert. Auf die Ebene 1 (Bewußtsein) haben wir permanent – mit gewissen Einschränkungen bei Streßsituationen – Zugriff. Die Wissensinhalte der Ebenen 2 (Unterbewußtsein) und 3 (Unbewußtsein) werden für uns durch klare schriftliche Zielformulierungen erschließbar. Spontane Ideen, die überwiegend zu Zeiten kommen, in denen wir uns nicht unmittelbar mit der betreffenden Aufgabe befassen, entstammen diesen beiden Bewußtseinsebenen. Die Pfeile deuten den Ideenfluß an.*

beiden Bewußtseinsebenen 2 und 3 nach verwertbaren Fakten für die betreffende Aufgabe.

Was im Unter- und Unbewußtsein gespeichert ist, kann nicht auf »Befehl« abgerufen werden.

Leider sind diese Informationen aber nicht auf »Knopfdruck« abrufbereit. Sie strömen vielmehr zu passenden und meist gerade zu unpassenden Gelegenheiten in unser Bewußtsein.

Erinnern wir uns an vielfältige Erlebnisse. Wie oft ist es schon geschehen, daß uns ein wichtiger Gedanke zu einem Vorgang »im Schlaf« gekommen ist. Da die Gehirnfunktionen während unseres Schlafes nicht unterbrochen sind, sucht unser Gehirn auch während dieser Zeit die verschiedenen Bewußtseinsebenen nach verwertbaren Informationen ab. Dies ist sicher auch der Grund für die allgemein bekannte Regel, Probleme erst einmal zu überschlafen, bevor Entscheidungen getroffen werden.

Unsere fünf Sinne erfassen Tag für Tag zigtausend Informationen. Die meisten dieser Informationen werden nicht festgehalten und gespeichert. Sie bleiben nur im Ultra-Kurzzeit-Gedächtnis. Sie können aber Ihre Sinne für wichtige Informationen sensibilisieren und Ihre »Antennen auf Empfang stellen«. Dies geschieht durch klare Zielplanungen für die Aktivitäten des nächsten Tages.

Lassen Sie alle drei Bewußtseinsebenen für sich arbeiten.

Sie nutzen also das große Wissensreservoir Ihrer drei Bewußtseinsebenen, indem Sie sich am Vorabend eines Arbeitstages ansehen, welche Aufgaben am nächsten Tag bearbeitet werden sollen. Dadurch ist Ihr Gehirn nachts in der Lage, die drei Bewußtseinsebenen nach verwertbaren Informationen für diese Aufgaben abzusuchen.

Ihnen stehen dann am nächsten Morgen zusätzliche Informationen zur Verfügung, die in der Regel die Bearbeitung der geplanten Aufgaben sehr erleichtern.

*Ein sehr erfolgreicher Unternehmer berichtete mir nach dem Besuch der Planungstage, daß er aufgrund dieses Hinweises seine schon immer praktizierte Vorbereitung eines Arbeitstages vom Morgen des jeweiligen Tages auf den Vorabend vorgeschoben habe. Er war überrascht, wie positiv sich dies ausgewirkt hatte. Er bat mich darum, auf diese rationalisierende Wirkung unserer Gehirnfunktionen ausdrücklich hinzuweisen, um auch anderen damit Nutzen zu bieten.*

*Schon am Abend die Aktivitäten des nächsten Tages vorbereiten.*

Wollen Sie die Erfahrung dieses erfolgreichen Unternehmers zu Ihrem persönlichen Erfolg nutzen?

## Was ist wichtig, was ist dringend?

Für die Beantwortung dieser Frage gibt es keinen allgemein gültigen Maßstab. Folgende Unterscheidung kann jedoch hilfreich sein:

- ☐ Wichtig ist, was aufgrund meiner Ziele große Bedeutung hat;
- ☐ dringend ist, was von außen auf mich zukommt und schnell erledigt werden sollte.

Prüfen Sie einmal mit Hilfe einer ganz einfachen Probe, ob Sie nach diesem sicherlich sehr groben Raster mehr dringende oder mehr wichtige Aufgaben erfüllen: Schauen Sie sich Ihren Terminkalender oder Ihr Zeitplanbuch an. Blättern Sie einmal ein bis zwei Wochen voraus. Wenn Sie in etwa 10 Tagen noch wenig oder gar keine Eintragungen in Ihrem Zeitplanbuch oder Terminkalender stehen haben, so besteht die große Gefahr, daß Ihr Leben in erster Linie fremdbestimmt wird, daß Sie nicht über Ihre Zeit verfügen, sondern daß andere über Ihre Zeitverwendung bestimmen.

Wer bestimmt über Ihre Zeit – Sie oder andere?

Die folgenden beiden *Abbildungen* verdeutlichen, wann es sich um eine fremdbestimmte Zeitplanung handelt und wann man selbst das Heft in der Hand hat. Die erste der beiden Abbildungen zeigt, wie der Tagesablauf von anderen bestimmt wird. Termine der Lieferanten, Kunden, Kollegen, Familie ... füllen das Tagespensum. Wir können nur noch reagieren, nicht mehr agieren.

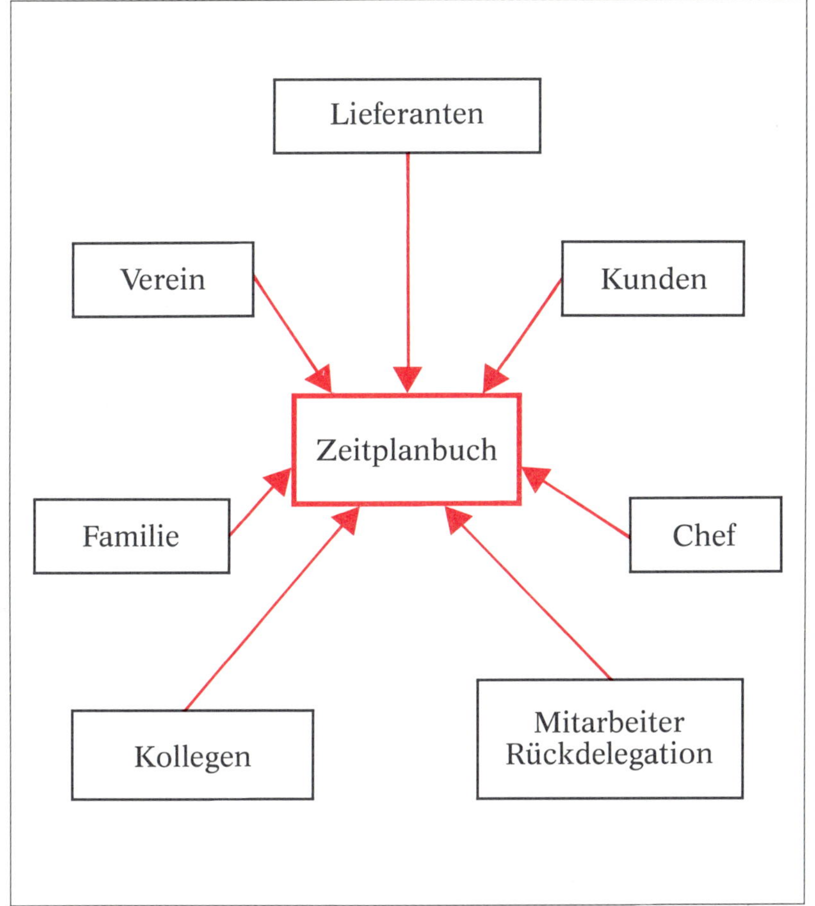


*Abbildung 19: Fremdbestimmte Zeitplanung.*

Die zweite dieser beiden *Abbildungen* dagegen stellt eine selbstbestimmte Zeitplanung dar: Wir schaffen uns genügend Freiräume, um über die Termine hinaus, die uns von außen vorgegeben werden, zusätzlich noch selbst an Aufgaben zu arbeiten, die uns unseren Zielen näherbringen. Die Doppelpfeile in der Abbildung deuten an, daß die Ergebnisse dieser Aufgabenerfüllung in berufliche oder persönliche Ziele zurückfließen und so ein permanentes Weiterkommen sicherstellen.

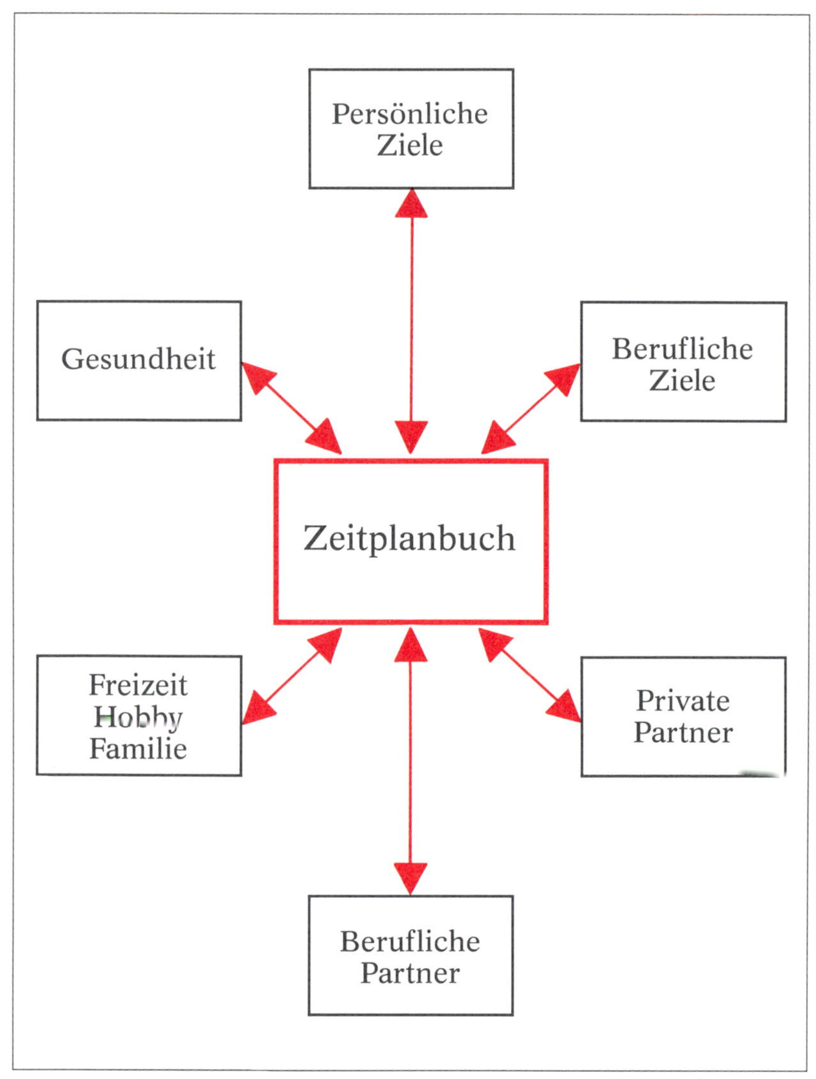


*Abbildung 20: Selbstbestimmte Zeitplanung.*

Wenn Sie jedoch Ziele anstreben, in die Sie sich verliebt haben, die Ihnen sehr viel bedeuten und die Sie unbedingt erreichen möchten, dann wird sich zur Realisierung dieser Vorstellungen eine Fülle von Aufgaben für Sie ergeben – denn kein Ziel realisiert sich von allein ohne Ihr Zutun.

Diese Aufgaben sind aber sicher nicht alle in den nächsten zwei bis drei Tagen zu erledigen, sondern nehmen oft einen längeren Zeitraum in Anspruch. Mit anderen Worten: sie müssen in Ihre Zeitplanung übernommen werden. So ergeben sich aus diesen Zielen Tätigkeiten und Aufgaben, die über Wochen und Monate im voraus in Ihren Terminkalender oder Ihr Zeitplanbuch eingetragen werden. Wenn Sie beim Setzen der Prioritäten für den folgenden Tag dann die jeweils eingetragenen Aufgaben sehen, so werden diese zwangsläufig in die Arbeitsfolge integriert. Sie kommen damit auch Schritt für Schritt bei der Realisierung Ihrer persönlichen Ziele voran.

Auch Aufgaben, die erst in einigen Wochen oder Monaten erledigt werden müssen, können schon heute in die Zeitplanung übernommen werden.

Bevor Sie die Prioritäten für die Erledigung von Aufgaben oder für den Ablauf eines Tages vergeben, sollten Sie folgende Fragen beantworten:

- ☐ Warum soll ich diese Aufgabe erledigen? Ist sie sinnvoll?
- ☐ Muß ich das tun? Was passiert, wenn ich die Aufgabe gar nicht erledige? Warum gerade ich? Kann ich die Aufgabe eventuell delegieren? (Siehe hierzu auch den Abschnitt in »Durch Delegation entlasten«, Seite 173.)
- ☐ Warum ausgerechnet jetzt? Hat die Bearbeitung noch Zeit? Wie lange? Tangiert die Aufgabe überhaupt die diesjährigen Ziele oder kann ich sie nicht auch in die Ideensammlung für die Ziele des nächsten Jahres übernehmen?
- ☐ Wieviel Zeit benötige ich voraussichtlich für die Erledigung dieser Aufgaben? (Diese Frage soll verhindern, daß Sie Ihren Arbeitsalltag schon zu Beginn hoffnungslos überfrachten – mit allen damit verbundenen negativen Folgen für die Belastung Ihrer Stimmung.)

Bevor Sie Prioritäten für den Tagesablauf festlegen, sollten Sie den Sinn und Zweck jeder Aufgabe prüfen.

Die Erledigung mancher Aufgaben muß zwischendurch unterbrochen werden – auch dies sollte schriftlich festgehalten werden.

- ☐ Wo und wann kann ich Aufgaben unterbrechen? (Bei sehr umfangreichen Aufgaben, deren Erledigung viel Zeit in Anspruch nimmt, ist es sinnvoll, den Abschluß einzelner Teilabschnitte festzuhalten. Denn sehr viel Zeit und vor allem Energie werden verschwendet, wenn Aufgaben – weil wir den Zeitaufwand unterschätzten – irgendwo abgebrochen werden müssen.)

## Störungen auf ein Minimum reduzieren

Sie kennen es aus der eigenen Praxis: Das häufigste Problem einer Führungskraft ist es, zu oft im Verlauf eines Tages gestört zu werden. Die winzigen Zeitabschnitte, die dann übrigbleiben, reichen in der Regel nicht aus, um wichtige Aufgaben zu erledigen. Nachdem man mehrfach gestört wurde, verschiebt man die Erledigung der Aufgaben dann auf den späten Nachmittag, wenn die meisten Mitarbeiter nicht mehr im Betrieb sind oder nimmt die Aufgaben mit nach Hause und bearbeitet sie in der Freizeit oder am Wochenende.

Empfehlung 22: Wie verläuft mein Arbeitstag?

Ich beobachte in den nächsten zwei Wochen, wie mein Arbeitstag verläuft; wann werde ich von wem und warum gestört? Ich fülle für jeden Tag in den nächsten zwei Wochen ein DIN-A4-Blatt mit der folgenden Störquellenanalyse aus.

## Störquellenanalyse für den ________

Störquellenursachen und Dauer in Minuten

| Zeit von ____ bis ____ | Telefongespräche | | Besucher | | Besprechungen | | Rückfragen | | Bemerkungen |
|---|---|---|---|---|---|---|---|---|---|
| | wurde angerufen Min. | habe angerufen Min. | angemeldet Min. | nicht angemeldet Min. | geplant Min. | eingeschoben Min. | von Mitarbeitern Min. | an Mitarbeiter Min. | |
| | | | | | | | | | |

*Abbildung 21: Formblatt für eine Störquellenanalyse.*

## Störquellenanalyse für den ________

Störquellenursachen und Dauer in Minuten

| Zeit von ____ bis ____ | Telefongespräche | | Besucher | | Besprechungen | | Rückfragen | | Bemerkungen |
|---|---|---|---|---|---|---|---|---|---|
| | wurde angerufen Min. | habe angerufen Min. | angemeldet Min. | nicht angemeldet Min. | geplant Min. | eingeschoben Min. | von Mitarbeitern Min. | an Mitarbeiter Min. | |
| 8.05 – 8.07 | Hr. Karl 2 | | | | | | | | |
| 8.11 – 8.14 | | Prod. 3 | | | | | | | |
| 8.20 – 9.10 | | | Maler 50 | | | | | | |
| 9.17 – 9.31 | | | | | | | Frl. Gerber 14 | | unklare Anweisung für bevorstehende Veranstaltung |
| 9.45 – 10.15 | | | | | EDV 30 | | | | |
| 10.19 – 10.23 | Hr. Schwab 4 | | | | | | | | |
| 10.24 – 10.26 | | Meister 2 | | | | | | | |
| 10.28 – 10.32 | Hr. Groß 4 | | | | | | | | |
| 10.45 – 11.25 | | | | Hr. Hahn 40 | | | | | |
| 11.27 – 11.35 | | | | | | | | Frl. Lang 8 | Post besprechen |
| 11.38 – 11.42 | Hr. Selz 4 | | | | | | | | |
| 11.46 – 11.50 | | Hr. Vieth 4 | | | | | | | |
| 12.00 – 12.30 | | | | | | Kap. Ausland 30 | | | |

*Abbildung 22: Muster einer Störquellenanalyse.*

In der ersten Spalte des gezeigten Formblattes tragen Sie die Uhrzeit der Störung ein. So sehen Sie am Abend, wie häufig Sie unterbrochen wurden. In der nächsten Spalte stehen dann die Ursachen für die Störungen; erfassen Sie bei den Störungen auch deren Dauer in Minuten. Addieren Sie diese Störzeiten dann pro Spalte auf; so erkennen Sie am Abend, welchen zeitlichen Anteil die einzelnen Störungen für Sie hatten. Beides – die Anzahl der Störungen und deren Länge – muß dann von Ihnen in der Auswertung beachtet werden.

Mancher wird erstaunt sein, wieviel Zeit täglich durch unvorhergesehene Störungen vergeudet wird.

Außer dieser rein statistischen Erfassung der Störzeiten empfiehlt es sich, auf dem Erfassungsbogen noch ausreichend Platz für zusätzliche Bemerkungen zu lassen. Hier können Besonderheiten hinsichtlich der Störungen festgehalten werden, die Ihnen aufgefallen sind. So könnte etwa notiert werden:

- ☐ Besprechung über Neugestaltung des Prospektes für Produkt X hat unverhältnismäßig lange gedauert, weil wichtige Informationen über den Einsatz des Prospektes, Auflage, Druck in schwarz/weiß oder in Farbe nicht vorbereitet waren.
- ☐ Mitarbeiter Y hat mich heute dreimal gestört, als er die Aufgabe ... bearbeitete. Er hat offensichtlich nicht die ausreichenden Informationen für die richtige Aufgabenerledigung. Hat er die ausreichenden Kompetenzen? Ist er möglicherweise mit dieser Aufgabe überfordert?

Warum stören Mitarbeiter?

Was können Sie aus der Störquellenanalyse erkennen? Störungen und Unterbrechungen haben zwei Wurzeln. Zum einen gibt es Störungen von außen, die wir nur wenig beeinflussen können, zum anderen hausgemachte Störungen, die von uns selbst verursacht werden.

Da sich unvorhergesehene Störungen bei Führungskräften nicht ganz ausschließen lassen, ...

Es wird keine Führungskraft geben, die bei Arbeitsbeginn davon ausgehen kann, daß der Arbeitsverlauf von Anfang bis Ende ausschließlich von ihr selbst bestimmt wird. Jeder muß mit Störungen rechnen, deren Ausmaß nie genau abgeschätzt und vorausgesehen werden kann. Muß man deshalb jedoch die Hände in den Schoß legen und die Zeitplanung, bevor man sie überhaupt richtig begonnen hat, schon wieder zur Seite legen? Sicherlich nicht. Wir müssen nur das Wissen um diese Tatsachen verwerten, uns nicht »blauäugig« darüber hinwegsetzen und meinen, daß uns stets ein voller Arbeitstag zur Erledigung unserer Aufgaben zur Verfügung steht.

... sollte hierfür täglich ein gewisser Zeitrahmen eingeplant werden.

Wichtige Erkenntnisse für Sie lauten also: Es gibt keine Führungskraft, die nicht unvorhergesehen gestört wird. Diese Tatsache muß berücksichtigt werden. Wie? Wenn Sie die Störquellenanalyse für zwei Wochen geführt haben, können Sie erkennen, welche unvorhersehbaren Störungen auf Sie zugekommen sind. Daraus ermitteln Sie einen Durchschnittswert, und nun wissen Sie, daß Sie nicht über 100 Prozent Ihrer täglichen Arbeitszeit verfügen können, sondern nur noch über eine Arbeitszeit, die um die durchschnittliche Störungszeit reduziert ist.

Bei Störquellen von außen sind nur begrenzte Ansätze für eine Verbesserung möglich. Dies soll aber nicht heißen, daß wir uns diesem Themenkreis überhaupt nicht zu widmen brauchen und ihn einfach als gegeben und unveränderlich hinnehmen müssen.

Notieren Sie zusätzlich bei jeder wichtigen Störquelle von außen, was die Ursache dieser Störung ist. Stellen Sie diese Analyse Ihrem Wunschzustand gegenüber und berücksichtigen Sie dabei unbedingt, daß mit dieser angestrebten Änderung keine Ertrags- oder Imageschädigung oder sonstige Beeinträchtigung Ihres Unternehmenserfolges verbunden sein darf.

## Auch von außen kommende Störungen bedenken

Häufig stören uns Kunden – aber von ihnen leben wir ja schließlich!

Selbstverständlich hat der für uns wichtige Kunde das Recht, uns zu stören – denn von ihm leben wir! Es wäre deshalb paradox, diese Störungen mit Gewalt abstellen zu wollen. Dann träte die erwähnte Ertrags- und Imageschädigung auf, zu der es auf keinen Fall kommen darf.

Gerade aber ein erfolgreicher mittelständischer Unternehmer hat häufig mit folgendem Problem zu kämpfen: Als er sich vor Jahren allein oder mit einigen wenigen Mitarbeitern selbständig machte, waren die wichtigen Aufgaben auf seine Person konzentriert. Es war auch selbstverständlich, daß sich der Unternehmer selbst um die Kunden und Lieferanten kümmerte. Mit wachsendem Umsatz, größerer Anzahl von Kunden und Lieferanten sowie einer gestiegenen Zahl von Mitarbeitern war dann irgendwann einmal die Grenze erreicht, wo nicht mehr alles von einer Person erledigt werden konnte.

Wäre es jetzt nicht an der Zeit, sinnvoll zu delegieren und sich als Chef nur noch auf die wichtigsten Hauptaufgaben zu konzentrieren? Aber nicht selten wird der Arbeitstag eines Chefs immer noch in unzählige kleine Zeitabschnitte zerteilt, in denen er nach wie vor persönlich Kunden begrüßt und soweit wie irgend möglich auch noch persönlich bedient. Das ist gerade im Einzelhandel sehr häufig anzutreffen.

*Weniger Störungen durch Delegation wichtiger Kundenkontakte.*

*Eine Teilnehmerin an den HelfRecht-Planungstagen empfand diese häufige Störung in ihrem Arbeitsablauf als besonders gravierend und hat schriftlich über die Lösung dieses Problems nachgedacht. Es ist ihr gelungen, die Betreuung wichtiger Kunden von sich auf einen besonders qualifizierten Mitarbeiter zu verlagern, ohne daß der Kunde an Prestige oder ihr Einzelhandelsgeschäft an Image verloren hätten.*

*Ganz im Gegenteil: Mitarbeiter und Kunden profitierten von der Delegation dieser wichtigen Aufgabe!*

*Wie hat sie das geschafft? Ganz einfach. Sie hat die richtigen Worte gefunden und ihre Führungskraft davon überzeugt, eine besondere Ausbildung zu absolvieren. Nun verfügt dieser Mitarbeiter über ein noch besseres Fachwissen als sie selbst und ist dadurch der beste Gesprächspartner für den anspruchsvollen Kunden. Der Kunde fühlt sich außerdem geschmeichelt; die Fachkraft fühlt sich aufgewertet und die Unternehmerin ist weniger gestört.*

Dieses Beispiel soll wiederum jedoch kein Rezept sein, bei ähnlichen Problemstellungen genauso vorzugehen. Sie sollen vielmehr angeregt werden, darüber nachzudenken, welche Möglichkeiten Sie haben, von außen auf Sie zukommende Störungen abzubauen.

Auch Störungen durch Kunden oder Klienten lassen sich reduzieren.

Besonders im beratenden Dienstleistungsgewerbe – beispielsweise in der Steuer- oder Unternehmensberatung – ist häufig festzustellen, daß die Arbeitszeit einer Führungskraft laufend durch Anrufe von Mandanten oder Klienten unterbrochen wird. Für wichtige Ausarbeitungen ist dann oft nicht die ausreichende Ruhe vorhanden.

Ein Verleugnen der betreffenden Führungskraft am Telefon ist sicherlich eine schlechte Lösung. Dann sollte lieber die Wahrheit gesagt werden – denn der Anrufer, der sicher selbst die Problematik des häufigen Störens kennt und auch darunter leidet, wird in aller Regel Verständnis dafür haben, daß der betreffende Gesprächspartner im Moment nicht erreicht werden kann. Sinnvoll ist es vielmehr, daß ein Rückruf zu einer späteren Zeit vereinbart wird. Selbstverständlich ist es dann von entscheidender Bedeutung – und Sie können damit auch Ihre Zuverlässigkeit beweisen –, daß dieser Rückruf genau zu der festgelegten Zeit erfolgt.

Die Reduzierung der von außen kommenden Störungen bedeutet kein »Abwimmeln«.

Aber auch hier kann es keine feste Regel geben; mit dem richtigen Fingerspitzengefühl und der richtigen Argumentation am Telefon kann die Zahl der Störungen von außen jedoch nicht unwesentlich reduziert werden.

Ein weiteres Beispiel, wie ein Unternehmer vorgeht, der nur wenige Mitarbeiter hat:

*Er schilderte mir, seine Aufgabe erfordere es, sehr viel unterwegs zu sein. Er möchte aber auf keinen Fall dem Kunden den Eindruck vermitteln, daß es sich um eine kleine – vielleicht sogar nur um eine Ein-Mann-Firma handelt – und geht daher folgendermaßen vor: Wenn er einen Kunden besucht hat, berichtet er danach im Unternehmen, was besprochen wurde und gibt einem der Mitarbeiter die Aufgabe, irgendein zusätzliches Detail beim Kunden zu erfragen. Der Geschäftspartner wird also angerufen, der Mitarbeiter bezieht sich auf das kürzlich stattgefundene Gespräch und bittet um eine weitere Auskunft.*

Zeiteinsparung

*Wie der Kunde außer dem Inhaber einen weiteren Ansprechpartner kennenlernt.*

*Die Wirkung: Der Kunde ist jetzt nicht mehr nur auf den Inhaber fixiert, sondern kennt noch eine weitere Ansprechperson.*

Läßt sich davon etwas für Ihren Arbeitsalltag übertragen?

Aber zurück zu den Störungen und Störquellen!

Haben auch Sie aus der Störquellenanalyse erkannt, daß nicht wenige Störungen von Ihnen selbst ausgehen? Das ist für manche eine zunächst wenig erfreuliche Erkenntnis, die zugleich aber auch eine große Chance ist, denn hier können Sie am meisten bewirken! Zwar ist es nicht leicht, eine seit Jahren eingefahrene persönliche Verhaltensweise zu verändern. Aber wenn irgendwo eine Änderung möglich ist, dann nur bei der eigenen Person und nur dann, wenn der entstehende Nutzen die Mühe einer Verhaltensänderung lohnt.

Gerade die von der eigenen Person ausgehenden Störungen können am besten reduziert werden.

# Führungsfehler sind häufig Ursachen für Störungen

## *Entscheidungsschwäche*

Notwendige Entscheidungen im tatsächlichen Sinn des Wortes – um eine Not abzuwenden – werden nicht selten auf die lange Bank geschoben. Spät – leider nicht selten zu spät – werden sie dann unter Zeit- und Situationsdruck getroffen. Daß solche Entscheidungen nicht die Qualität haben können, als wenn sie einige Zeit gereift wären, liegt auf der Hand. Auch hier gilt wieder das, was hinsichtlich unserer Gehirnfunktionen dargestellt wurde.

Hinzu kommt ein weiterer Aspekt, der häufig übersehen wird: Nicht getroffene notwendige Entscheidungen bewirken bei Führungskräften einen extremen Streßzustand mit allen negativen Folgen.

Unter Distreß (negativem Streß) getroffene Entscheidungen sind häufig falsch.

Frederic Vester hat in seinem Buch »Denken – Lernen – Vergessen« dargestellt, wie sich dieser Streßzustand auswirkt. Eine Führungskraft, die unter negativem Streß eine Entscheidung zu treffen hat, verliert zwei Drittel ihres Leistungsvermögens. Ja – Sie haben richtig gelesen, zwei Drittel des Leistungsvermögens sind blockiert im Vergleich zum normalen Leistungsvermögen in guter Stimmung.

## *Angefangene Arbeiten werden nicht abgeschlossen*

Setzen wir uns nicht selber unter Streß, wenn wir uns auf eine Aufgabe nur ungenügend vorbereiten?

Wieviele Dinge, für die man sich zunächst sehr begeistern konnte, sind unerledigt »auf der Strecke« geblieben? Wieviel Zeit und Geld wurden schon in deren Bearbeitung investiert? Verschiedene Gründe können hierfür die Ursachen sein. Unter anderem ist oft die ungenügende Vorbereitung zu nennen:

Über den Umfang der Arbeiten hat man sich anfangs zu wenig Gedanken gemacht und stößt erst während der Bearbeitung auf immer mehr Details, die recherchiert werden müssen. Dies kostet Zeit, die man möglicherweise nicht bereit ist zu investieren. Genauso störend ist es, wenn nicht alle für die Bearbeitung eines bestimmten Vorgangs vorhandenen Unterlagen bereitliegen. Jede Suche nach Unterlagen unterbricht den Arbeitsrhythmus. Nicht selten müssen Unterlagen erst von Mitarbeitern beschafft werden; man muß die Arbeit der Mitarbeiter unterbrechen.

## *Mehrere Aufgaben werden gleichzeitig bearbeitet*

Zusätzlicher Streß: gleichzeitige Bearbeitung von mehreren Aufgaben.

Verursacht wird dieser Fehler häufig dadurch, daß unter zu großem Zeitdruck und mit Zeitknappheit gearbeitet wird. Werden Aufgaben auf die lange Bank geschoben, drängt sich die Erledigung zu vieler Dinge auf einen Zeitpunkt zusammen; man versucht dann, die notwendigsten Aufgaben zu erledigen. Man springt von einer Aufgabe zur anderen, damit nichts »anbrennt«. Dieses häufige Wechseln und das jeweils neue Einarbeiten in die jeweilige Aufgabe verschlingen viel Kraft und Zeit.

### *Verschleißen in Routineaufgaben*

Viele Führungskräfte verdienen den Namen »Führungskräfte« nicht. Ihre Arbeit erschöpft sich vielmehr überwiegend in Durchführungsaufgaben und -tätigkeiten, die preiswerter und häufig auch besser von unterstellten Mitarbeitern erledigt werden können. Ursache dafür ist nicht selten eine Selbstüberschätzung: Man könne selbst alles am besten beurteilen; man besitze die umfassendste Erfahrung; man habe die besten Kontakte zu Kunden und Lieferanten und dergleichen mehr.

Wer aber nicht bereit ist, Aufgaben *und* Verantwortung zu delegieren, der wird aus dem Teufelskreis der zeitlichen Überforderung nicht herauskommen.

### *Ungenügende Zeitreserven eingeplant*

Was ist richtig: Viele Aufgaben und Arbeiten nur halb zu erledigen oder weniger Aufgaben und Arbeiten ganz durchzuführen?

Wir wissen also, daß jede Führungskraft im Laufe des Arbeitstages mehrfach gestört wird. Notwendig ist daher, zu erfassen, wieviel Zeit solche Störungen beanspruchen (Störquellenanalyse) und diesen Zeitraum in der Tagesplanung von vornherein zu berücksichtigen.

Häufig beobachten wir, daß Führungskräfte ihren Arbeitsalltag generell mit zu vielen Aktivitäten belegen. Dies frustriert ungemein und führt zur Stimmungsbelastung – mit den negativen Folgen, die Frederic Vester in seinem Buch darstellt.

Es ist statt dessen viel besser, weniger Aufgaben in den Tagesplan zu übernehmen, als den Arbeitstag zu überlasten. Sind die Aufgaben bereits zeitiger als angenommen erledigt – dies wird bei Führungskräften sicherlich die große

Ausnahme bleiben –, kann man Aktivitäten vorziehen, die für die Folgetage geplant sind. Dies wird jedoch sicher die Ausnahme bleiben; häufiger werden wir vielmehr am Abend eines Arbeitstages feststellen müssen, daß das eine oder andere nicht erledigt wurde und auf einen der nachfolgenden Tage übertragen werden muß.

Ich nehme meine Störquellenanalyse zur Hand und ermittle aus den letzten zwei Wochen die Zeit, die ich im Durchschnitt täglich unvorhergesehen gestört wurde. Über diesen Zeitblock kann ich also bei meiner täglichen Zeitplanung nicht verfügen. Ich überprüfe diesen Zeitblock in regelmäßigen Abständen, damit ich nicht von vornherein meinen Arbeitstag überlade.

Empfehlung 23: Wieviel Zeit nehmen unvorhergesehene Störungen täglich in Anspruch?

## Den Zeitbedarf realistisch einschätzen

Wer damit beginnt, seinen Tagesablauf zu planen, begeht nicht selten den Fehler, den Zeitbedarf für verschiedene Tätigkeiten und Aufgaben zu unterschätzen. Selbst für Dinge, die wir Tag für Tag machen, die uns in Fleisch und Blut übergegangen sind, haben wir häufig kein gutes Zeitgefühl.

Ich befürworte sicher nicht, das Leben allein an der Uhr auszurichten; es ist jedoch unumgänglich, einmal eine Bestandsaufnahme zu machen, wofür wir eigentlich wie lange brauchen.

Auch hier lautet meine Empfehlung: Erfassen Sie in den nächsten zwei Wochen, wie lange Sie benötigen, um die verschiedenen Arbeiten Ihres Berufsalltages zu bewältigen.

Für die Erledigung jeder Aufgabe sollte ein gewisser Zeitrahmen eingeplant werden.

Nachdem Sie als erstes die Reihenfolge für die Bearbeitung der einzelnen Aufgaben festgelegt, also Ihre Prioritäten gesetzt haben, schreiben Sie hinter jede Aufgabe, wie lange Sie voraussichtlich für deren Erledigung benötigen. Die tatsächlich aufgewendete Zeit schreiben Sie später einfach dahinter, wenn Sie die Aufgabe erledigt haben.

Unsere Erfahrung zeigt, daß es bei diesen Aufzeichnungen ganz erhebliche Abweichungen gibt. In der Regel verschätzen wir uns zu unseren Ungunsten; wir benötigen also wesentlich länger für die Bearbeitung und Durchführung einer Aufgabe als wir ursprünglich angenommen haben. Die Folge: Demotivation mit allen damit verbundenen Konsequenzen, da verschiedene Aufgaben nicht zu Ende geführt werden können. Viele nicht erledigte Aufgaben müssen auf spätere Tage übertragen oder in der Freizeit bearbeitet werden. Hier liegt kein Mangel des verwendeten Zeitplansystems vor, wie manche behaupten, sondern wir müssen den Fehler bei einer Fehleinschätzung der Bearbeitungsdauer verschiedener Aufgaben einfach bei uns selbst suchen.

Zeitreserven nicht vergessen!

Meine Empfehlung kann daher nur lauten: Nehmen Sie sich – insbesondere wenn Sie die ersten Erfahrungen mit der geschilderten Vorgehensweise machen – lieber weniger als zuviel vor. Wägen Sie Aufgaben, die Sie bearbeiten wollen, sehr sorgfältig ab – unter dem Gesichtspunkt, was für Sie tatsächlich wichtig ist. Für Sie und Ihren Lebenserfolg ist es wichtiger, zeitliche Freiräume am Tag zu bekommen als ständig überlastet zu sein.

# Störungsfreie Zeiten schaffen

*Mehr Effizienz im Unternehmen durch störungsfreie Zeiten.*

*Ich hatte das Glück, für einen Chef zu arbeiten, der allem gegenüber sehr aufgeschlossen war, was zur Verbesserung von Arbeitsabläufen unseres Betriebes führen könnte.*

*Eines Tages kam dieser Chef von einem Seminar zurück und sagte mir, ihm sei durch die Ausführungen des Referenten besonders aufgefallen, daß in unserem innerbetrieblichen Ablauf viel Zeit durch gegenseitige Störungen vertan würde – seien es spontane Besprechungen innerhalb der Führungsmannschaft oder Besprechungen der leitenden Mitarbeiter mit Untergebenen. »Immer wieder kommt es im Tagesverlauf zu Unterbrechungen. Können wir dies nicht besser und für alle Beteiligten zeitsparender abwikkeln?«, war seine Frage.*

*Wir vereinbarten schließlich, ab sofort eine störungsfreie Zeit von zwei Stunden – zwischen 7.30 Uhr und 9.30 Uhr – einzuführen.*

*Während dieser Zeit wollten wir uns innerbetrieblich nur in ausgesprochenen Notfällen – die glücklicherweise nie eintraten – stören.*

*Diese Entscheidung war ein Segen für alle Mitarbeiter.*

*Wie war es im Gegensatz dazu vorher? Kurz nachdem ich mein Büro am Morgen betreten hatte, kam der erste Mitarbeiter mit irgendeinem Anliegen zu mir. Diese Unterbrechungen dauer-*

*ten den ganzen Tag über an. Und dies ist keine Ausnahme, wenn man Untersuchungen darüber ansieht, wie häufig Führungskräfte im Verlauf eines Tages gestört werden. Besonders fatal ist die Situation deshalb, weil man nie weiß, wann die nächste Störung eintritt, ob man 10 Minuten oder 30 Minuten ungestört arbeiten kann.*

*Wenn ich dann damals eine zeitintensive Arbeit begonnen hatte und immer wieder dabei unterbrochen wurde, legte ich sie schließlich demotiviert zur Seite bis zum späten Nachmittag.*

*Als die meisten Mitarbeiter schließlich ihren Feierabend genießen konnten, war endlich Ruhe eingekehrt, um ungestört die mehrfach unterbrochenen Arbeiten erledigen zu können.*

Erkennen Sie sich in dieser Geschichte wieder?

Wer ein »Büro der offenen Tür« hat, braucht sich nicht zu wundern, daß er ständig gestört wird.

Für vollkommen falsch halte ich es deshalb auch, wenn manche Führungskraft einen kooperativen Führungsstil so interpretiert, daß für Mitarbeiter die Tür zum Chefzimmer immer offen steht. Zu jeder Zeit kann der Mitarbeiter also zu seinem Chef kommen und das besprechen, was ihn bewegt.

Hat aber der Chef kein Recht auf ungestörte Erledigung seiner wichtigen Aufgaben, die doch in erster Linie über das Gedeihen der Firma entscheiden? Haben nicht die allermeisten Anfragen der Mitarbeiter ein oder zwei Stunden Zeit, bis sie besprochen werden? Was ist, wenn der Vorgesetzte wegen eines Besuches außer Haus ist oder wegen einer wichtigen Besprechung nicht gestört werden kann? Müssen dann nicht auch Dinge mehrere Stunden zurückgestellt werden? – Es gibt also im Grunde kein schlagendes Argument für ein solches »Zimmer der offenen Tür«.

Zeiteinsparung

Die Lösung, die vor einigen Jahren in meinem früheren Aufgabenbereich vereinbart wurde – innerbetriebliche störungsfreie Zeiten zwischen 7.30 Uhr und 9.30 Uhr – soll für Sie nur eine Anregung sein, über dieses Thema einmal gründlich nachzudenken.

In jedem Unternehmen ist es möglich, eine störungsfreie Zeit einzuplanen.

Sagen Sie bitte nicht sofort: Bei uns ist es unmöglich, eine derartige störungsfreie Zeit einzuführen. Ich selbst bin fest davon überzeugt, daß der Erfolg Ihres Unternehmens nicht unwesentlich davon abhängt, wie es Ihnen gelingt, nicht nur in der Freizeit oder im Urlaub über die positiven und negativen Faktoren Ihrer Firmenentwicklung ungestört nachzudenken.

Es kann zwar durchaus sein, daß die störungsfreie Zeit, wie sie in unserem Betrieb seinerzeit eingeführt wurde, für Sie nicht praktikabel ist. Aber Sie sollten überlegen, ob es für Sie tatsächlich nicht andere, vielleicht bessere Lösungen gibt.

*Ein Unternehmer mit einem störungsfreien Arbeitstag.*

*Ich weiß von einem Unternehmer, der unsere Anregungen, eine störungsfreie Zeit zu schaffen, wie folgt umsetzte: Er zieht sich an einem Tag in der Woche ganz von seinem Geschäft zurück und bearbeitet dann wichtige Unterlagen, zu deren Erledigung er während der normalen Arbeitszeit nicht kommt. Diesen Tag nutzt er auch, um über die Chancen und Risiken, über die Entwicklungsmöglichkeiten seines Unternehmens nach-*

*zudenken; zusätzlich überarbeitet er die von ihm während der HelfRecht-Planungstage erarbeiteten Zielpläne.*

*Ich weiß, daß dieser Unternehmer heute noch seinen störungsfreien Arbeitstag als den wichtigsten Tag der ganzen Woche genießt. Während dieses Tages schaffe er für den Erfolg der Firma mehr als an den vier restlichen Tagen der Woche.*

Schließlich ein weiteres Beispiel, das belegt, warum es so wichtig ist, daß Sie sich eine störungsfreie Zeit schaffen.

*Mehr Umsatz und Rendite durch Konzentration auf Wichtiges.*

*Von einem jungen Unternehmer weiß ich, daß er sich ein bis zwei Arbeitstage pro Monat zurückzieht, um über die wichtigen unternehmerischen Entscheidungen nachzudenken.*

*Wie er mir sagte, bewirkt er damit zweierlei:*

1. *Er kann ungestört von der Alltagsarbeit über seine kurz-, mittel- und langfristigen Unternehmenszielpläne nachdenken. Und was für ihn fast noch wichtiger ist:*
2. *Seine Mitarbeiter werden während seiner Abwesenheit besonders gefordert. Sie müssen Entscheidungen treffen, die in Anwesenheit des Chefs wahrscheinlich von ihm selbst getroffen würden.*

*So wachsen die Mitarbeiter in wichtige Aufgaben hinein – der Chef kann sich immer mehr auf die tatsächlichen Führungsaufgaben konzentrieren.*

*Das Ergebnis ist sicherlich bemerkenswert, für mich letzten Endes aber doch nicht sehr überraschend: Dieser Unternehmer liegt mit seinem Pro-Kopf-Umsatz und der Pro-Kopf-Rendite innerhalb einer Erfahrungsaustauschgruppe seiner Branche ganz deutlich über dem Durchschnitt. Das Konzentrieren auf die wichtigen Vorhaben zahlt sich also auch in barer Münze aus.*

Zeiteinsparung

Überlegen Sie bitte, wie Sie in Ihrem Unternehmen eine störungsfreie Zeit einführen. Greifen Sie auf die Anregungen aus den Beispielen zurück oder schaffen Sie sich andere Zeitblöcke zur Bearbeitung wichtiger Aufgaben. Ohne eine störungsfreie Zeit werden Sie meiner festen Überzeugung nach auf Dauer nicht auskommen.

Es reicht nicht, störungsfreie Zeiten für die Mitarbeiter und den Betrieb festzulegen – man muß sich auch selbst daran halten.

Haben Sie die störungsfreie Zeit festgelegt, so ist ganz wichtig, daß Sie sich persönlich auch daran halten. Sie müssen zunächst mit gutem Beispiel vorangehen und dürfen sich nicht als Vorgesetzter das Recht herausnehmen, diese Vorschrift zu brechen. Im Gegenteil: Sie selbst müssen genauestens auf die Ein- und Beibehaltung der einmal vereinbarten Regel achten. Die Erfahrung zeigt nämlich, daß eine einmal festgelegte störungsfreie Zeit nicht automatisch bestehen bleibt. An ihre Einhaltung muß vielmehr immer wieder erinnert werden.

Das Ziel der Einführung und Beachtung einer störungsfreien Zeit kann man auf einen ganz einfachen Nenner bringen: Die Führungskräfte dürfen nicht Spielball, sondern müssen Regisseur sein oder müssen – um mit dem Bild des Lebensschiffes zu sprechen – Kapitän auf der Kommandobrücke sein und nicht Heizer im Maschinenraum.

Dafür benötigt man einen Überblick, den man nicht in der Alltagsroutine bewahren kann; man braucht dafür störungsfreie Arbeitsphasen.

Empfehlung 24: Ich führe eine störungsfreie Zeit ein.

Ich überlege, wie ich mir einen zeitlichen Rahmen schaffe, in dem ich ungestört meine wichtigen Führungsaufgaben erledigen kann.

## Verwerten Sie Ihre Erfolge!

Bei der Beschreibung der Funktionen unserer verschiedenen Bewußtseinsebenen haben wir bereits gelesen, über welch großen Erfahrungsschatz wir verfügen: In uns ist unser kompletter Lebensfilm gespeichert. Diese in uns ruhenden Erfahrungswerte können wir aktivieren, wenn wir unsere Situation, die wir verändern wollen, schriftlich durchdenken und Ziele erarbeiten.

Wichtig für zukünftige Erfolge ist auch, zu wissen, was uns in der Vergangenheit aus welchen Gründen gut gelungen ist.

Unser Erfahrungsschatz wird dann nach verwertbaren Informationen aus der Vergangenheit abgesucht. Eine große Bedeutung haben dabei die Erfolge, die wir in der Vergangenheit erzielten. Diese gilt es bei unseren zukünftigen Vorhaben auch immer wieder ins Bewußtsein zu rufen.

Welchen Sinn hat das? Auch mir war das zunächst überhaupt nicht bewußt. Vielleicht waren es bei mir Erziehungseinflüsse, denn Bescheidenheit war ja eine so äußerst wichtige Tugend, daß ich mich innerlich dagegen sträubte, Erfolge aufzuschreiben. Mir kam auch alles so selbstverständlich vor. Ich sagte mir damals:

»Du bist doch für die Erfüllung einer bestimmten Aufgabe verantwortlich. Da ist es doch selbstverständlich, daß du dein Bestes gibst.« Wenn ich etwa als Vertriebsleiter Großaufträge zu Preisen abschließen konnte, die für beide Seiten, für Kunden und für Lieferanten, interessant waren, so empfand ich das als ganz normal. Das war doch kein besonderer Erfolg – so meinte ich.

Wer sich seiner Erfolge bewußt ist, steigert sein Selbstwertgefühl und wird dadurch wiederum erfolgreicher.

Wenn man aber einmal gründlich nachdenkt, wird einem bewußt, daß diese Betrachtungsweise falsch ist. Sie ist falsch, weil es gar nicht selbstverständlich ist, gute Verkaufsabschlüsse zu tätigen, denn es gibt schließlich nicht nur erfolgreiche Verkäufer; sie ist auch deshalb falsch, weil ich damit persönlich große Chancen vergab, meinen eigenen Erfolg und damit den meiner Firma zu stabilisieren.

Den Grund dafür stellt Maxwell Maltz in dem schon einmal zitierten Buch »Erfolg kommt nicht von ungefähr« sehr eindrucksvoll dar: Entscheidend für unsere Wirkung nach außen ist in erster Linie unser Selbstwertgefühl. Wie sollen unsere Umwelt, unsere Kunden oder unsere Kollegen von uns eine gute Meinung haben, wenn wir uns selbst gar nicht unserer Werte bewußt sind? Ich meine mit dem Selbstwertgefühl nicht etwas künstlich Erzeugtes, sondern das natürlich Gewachsene. Wie kann aber etwas natürlich wachsen, wenn wir uns dessen gar nicht bewußt sind?

Erfolge verwerten heißt selbstverständlich nicht, nach einem erzielten Erfolg eine Art von Checkliste zu erstellen und nach dieser Checkliste in Zukunft Punkt für Punkt vorzugehen, um ähnlich erfolgreich zu sein. Wäre das die Lösung, so benötigten wir keine hochqualifizierten Verkäufer. Man könnte statt dessen eine solche Checkliste für erfolgreiches Verkaufen einem Mitarbeiter in die eine Hand und in die andere den Auftragsblock drücken.

Es gibt keine Checkliste für erfolgreiches Verhandeln, weil sich jede Verhandlung von einer anderen unterscheidet. Auf jede Situation muß man sich individuell neu einstellen.

Wir wissen jedoch alle: Jede Verhandlung verläuft anders, denn es gibt nur etwas Beständiges im Wirtschaftsleben: den Wandel. Eine bei einem bestimmten Kunden sehr erfolgreiche Verhandlung über einen Großauftrag hat eben einen bestimmten, nur zu dieser Situation gehörenden Hintergrund, der einmalig ist und sich bereits nach wenigen Wochen vollkommen verändert haben kann.

Das bedeutet nun aber auch nicht, daß es unsinnig ist und Zeit falsch investiert wird, wenn wir uns auf eine Verhandlung gut vorbereiten und die früheren Erfolge verwerten. Richtig ist vielmehr, bei der Verwertung von Erfolgen festzuhalten:

- ☐ Wie habe ich mich vorbereitet?
- ☐ Wo habe ich mir wie welche Informationen beschafft?
- ☐ Von wem habe ich die genauen Bedürfnisse des Kunden erfahren?
- ☐ Was sind die Verhandlungsziele des Kunden?
- ☐ Was sind meine Ziele?
- ☐ Mit welchem Wettbewerber habe ich zu rechnen?
- ☐ Wo sind unsere Stärken und auch unsere Schwächen gegenüber dem betreffenden Wettbewerber?
- ☐ Wer fällt letzten Endes die Entscheidung beim Kunden? Habe ich das Vertrauen dieser Person

oder habe ich bisher die falschen Gesprächspartner hofiert?

Diese Liste werden Sie gewiß noch für Ihre Situation ergänzen können.

Empfehlung 25: Liste meiner Stärken und Erfolge.

Ich schreibe auf, wo meine besonderen Stärken liegen. Auf welche Erfolge bin ich besonders stolz? Was schätzen meine Mitmenschen besonders an mir? Ich ergänze diese Liste oder lege – noch besser – einen Ordner an, in dem ich alle meine Erfolge festhalte.

## Aus Fehlern lernen

Genauso wichtig, wie Erfolge zu verwerten ist es, Mißerfolge genau zu analysieren. Denn wir wissen aus unserer Lebenserfahrung, daß wir aus Fehlern lernen.

*Der beste Lehrherr: Reklamationen!*

*Darauf baut meine Empfehlung an Nachwuchskräfte auf, die am Verkauf viel Freude haben und an jene, die an der Entwicklung neuer Produkte und Dienstleistungen mitwirken wollen: Die beste Lehrstelle ist die Abteilung Ihres Betriebes, in der Reklamationen und Beanstandungen bearbeitet werden. Nirgends erfahren Sie schneller, wo Schwachstellen vorhanden sind, wo die Bedürfnisse des Kunden nicht mit den Stärken des Produktes übereinstimmen und worauf schließlich bei Neuentwicklungen besonders zu achten ist.*

*Meinen Berufsweg begann ich als Sachbearbeiter im Verkauf. So oft es zeitlich möglich war, hielt ich mich zusätzlich im Labor auf, in dem Versuche mit Kundengeräten gemacht wurden, ebenso in der Reparaturabteilung.*

*Rückblickend ist mir heute bewußt, welchen Erfahrungsschatz ich mir in diesen Abteilungen innerhalb sehr kurzer Zeit aneignen konnte. Dabei kamen mir nicht nur die eigenen Beobachtungen zugute, sondern ich machte auch die Erfahrung, daß jeder Mensch gern über sein Tätigkeitsfeld spricht. Mein Interesse an der Arbeit der Mitarbeiter im Labor und der Reparaturabteilung bewirkte, daß ich Informationen bekam, die nirgends schriftlich festgehalten waren. Auch hier erlebte ich, wie wichtig für Menschen das Bedürfnis nach Anerkennung ist. Ich habe mir in dieser Zeit viele Freunde geschaffen, die mir meinen Arbeitsalltag immer wieder erheblich erleichterten.*

Ein weiteres Beispiel, um noch einmal zu betonen, wie wichtig die richtige Verwertung von Kundenreklamationen ist:

*Reklamationen sind wichtig für Neuentwicklungen.*

*Ich kenne eine deutsche Firma, die sich nach dem Zweiten Weltkrieg eine beeindruckende Position auf dem Weltmarkt aufgebaut hat. Diese Firma vergibt für ihre Erzeugnisse weltweit Patente und gilt in dem Marktsegment als eines der bedeutendsten Unternehmen. Wie wurde das erreicht? Ich weiß, daß es keine Kundenreklamation in dem betreffenden Hause gibt, die nicht über den Chef-Schreibtisch läuft. Dem Chef wird jeweils berichtet, was die Ursache für die Reklamation war und wie die Reklamation beseitigt wurde. Zum einen hat sich jenes Unternehmen damit im Kundenkreis einen sehr guten Namen*

Zeiteinsparung

*schaffen können; zum anderen erfuhr der Inhaber durch diese Vorgehensweise, wo schwerpunktmäßig bei den Neuentwicklungen anzusetzen war.*

Empfehlung 26: Verwertung von Reklamationen

Habe ich als Führungskraft Überblick über Reklamationen und Beanstandungen, die die Produkte und Dienstleistungen meines Betriebes betreffen? Was werde ich ab sofort in die Wege leiten, um den großen Erfahrungsschatz zu verwerten, der in Reklamationen und Beanstandungen steckt?

## Ohne die richtigen Partnerschaften ist Erfolg nicht möglich

Wenn Sie sich bewußt machen, was Ihnen gut gelungen ist, wo Sie besondere Erfolge erzielen konnten, so fragen Sie sich bitte unbedingt auch, wer an diesen Erfolgen eventuell mitgewirkt hat. Fragen Sie sich zum Beispiel: Wer war an diesen positiven Ergebnissen beteiligt? Wer hat das Zustandekommen eines für Sie interessanten Geschäftsabschlusses begünstigt? Hat Ihnen jemand einen wertvollen Tip gegeben? Konnten Sie durch Vermittlung eine für Sie besonders wichtige Bekanntschaft schließen?

Wer war am Erfolg beteiligt?

Sie selbst wissen, daß oft ein kleiner Hinweis eines Dritten der Ursprung eines großen Erfolges für Sie war. Sträflich wäre nun, einen entsprechenden Dank zu vergessen. Vom Einzelfall wird es abhängen, ob überhaupt ein Geschenk angebracht ist. Viel wichtiger ist jedoch, daß Sie mit Ihrer

Reaktion zeigen, wie sehr Sie die Hilfe schätzten. Schon ein Anruf mit einem Dankeschön als Geste gegenüber Ihrem Bekannten wird häufig ausreichen. Denken Sie bitte immer an die Bedürfnisse der Menschen, von denen das nach Anerkennung in der Werteskala ganz oben steht. Jeder Mensch freut sich, von einem Mitmenschen zu hören, daß eine Information oder ein Tip nützlich waren und so das Gefühl vermittelt zu bekommen, gebraucht zu werden.

Wer will nicht anerkannt werden – und wenn es nur für einen guten Tip ist.

Wie wichtig dieses Gefühl ist, das die Lebensenergie so sehr stärkt, wird am Lebensalter und an der Lebenskraft alter Menschen deutlich, die immer noch nützliche Aufgaben haben und wissen, daß sie gebraucht werden.

So ist es sicher kein Zufall, daß es auf der einen Seite das Phänomen des Pensionsschocks mit oftmals tödlichem Ausgang gibt; bei Menschen, die nach dem Berufsleben ausscheiden und die keine neuen Aufgaben kennen, erlischt gleichzeitig die Lebensflamme. Andererseits gibt es aber in den ländlichen Gegenden Asiens Menschen mit geradezu biblischem Alter, denn diese werden in ihrer Großfamilie noch immer benötigt. Sie haben das Gefühl, gebraucht zu werden; sie haben eine Aufgabe, für die sie sich engagieren können.

*Ein kleiner Dank wirkt oft Wunder.*

*Ich bewundere einen Bekannten, der Führungskraft in einem Unternehmen mit sehr vielen Mitarbeitern ist. Außerhalb dieser Firma hat er noch verschiedene andere Aktivitäten, die ihn zeitlich zusätzlich beanspruchen. Sein Erfolgsrezept: Ständig denkt er darüber nach, wer aufgrund seiner Leistung anerkannt werden kann. Der oder die Betreffende bekommt dann von ihm einen handgeschriebenen Brief, in dem sich mein Bekannter für die erbrachten Leistungen bedankt. Ich bin davon überzeugt, daß diese Handlungsweise ein wichtiger Mosaikstein für den Erfolg des betreffenden Unternehmens ist.*

Empfehlung 27: Welche Personen sind wertvoll für mich?

Ich erstelle eine Liste der Personen, die für mich wertvoll sind. Wie wurde ich von diesen Personen in der Vergangenheit bei der Erreichung meiner Ziele unterstützt? Diese Liste aktualisiere ich ständig.

Die Partnerpflege darf selbstverständlich keine Einbahnstraße sein. Ideal ist eine Partnerschaft, wenn sie von gegenseitigem Nutzenbieten und Nutzenernten geprägt ist. Das bedeutet, daß wir uns immer wieder auch für die Ziele des anderen interessieren und uns dann überlegen müssen, in welcher Form wir dazu beitragen können, daß unser Partner seine Ziele erreicht.

Dieses gegenseitige Nutzenbieten schafft die Basis für eine enge und echte Partnerschaft.

Jeder braucht Partnerschaften auf der Basis des gegenseitigen Nutzenbietens.

Eine solche Partnerschaft sollte immer angestrebt werden. Zwar ist unsere heutige Zeit von Einzelgängern geprägt, die versuchen, ihr Lebensglück im Alleingang zu machen. Dies muß jedoch sehr häufig mit einem Mißerfolg enden, weil es nun einmal unterschiedliche Begabungsstärken gibt und wir in einer sehr arbeitsteiligen Welt leben.

Ein großes Stück zum Lebenserfolg hat im Gegensatz derjenige geschafft, der bereit ist, sein Können in das Gedeihen guter Partnerschaften einzubringen. Man sollte sich also stets die Zeit nehmen, mit anderen zu sprechen und deren

Probleme anzuhören – man sollte bei der Auswahl der Partner aber auch berücksichtigen, daß man selbst im anderen einen guten und kritischen Zuhörer der eigenen Probleme hat. Nur dieses gegenseitige Nutzenbieten sichert auf längere Zeit eine Partnerschaft. Wird sie zu einseitig, indem nur der eine der überwiegende Nutznießer ist, wächst die Gefahr, daß die Partnerschaft zerbricht. Dies muß aber nicht zwangsläufig die Folge sein, weil auch hier wiederum die Bedürfnisse der jeweiligen Partner die entscheidende Rolle spielen.

Empfehlung 28: Wie kann ich wertvolle Partner unterstützen?

Welche Partner habe ich in der vorher empfohlenen Liste notiert? Weiß ich, welche Ziele diese Partner anstreben? Wie kann ich meinen Partnern bei der Zielrealisierung helfen?

Konkret sollte jeder über die Pflege folgender Partnerschaften nachdenken:

*Partner innerhalb des Unternehmens*

Gerade Führungskräften, insbesondere aber Inhabern von mittelständischen Betrieben, fehlt nicht selten ein Partner, der die beruflichen Ziele zusammen mit dem Chef kritisch betrachtet. Hier gilt es nachzuforschen, wer im Unternehmen die Zivilcourage besitzt, Gedanken des Chefs auch einmal in Frage zu stellen. Ermuntern Sie solche wertvollen Mitarbeiter. Denn wenn Sie nur mit Ja-Sagern umgeben sind, haben Sie nur auf den ersten Blick ein vermeintlich leichteres Leben.

Mitarbeiter, die sich für ihre Firma engagieren, können sehr wichtige Ratgeber sein. Der Vorgesetzte kann hier sogar im positiven Sinn Mitstreiter für die Erfüllung seiner Ziele gewinnen. Denn ein

Mitarbeiter, der an der Erarbeitung der Ziele mitgewirkt hat, wird sich ganz anders für deren Realisierung einsetzen, als wenn ihm diese Ziele diktiert wurden.

Zeiteinsparung

Auch Sie haben es sicher schon festgestellt: Absolut gleiche Ziele betrachten wir oft auf sehr unterschiedliche Weise und setzen uns mit ihnen verschieden auseinander. Haben wir an der Gestaltung der Ziele mitgewirkt, so engagieren wir uns mit voller Energie, um das angestrebte Ziel zu erreichen. Waren wir dagegen nicht an der Erarbeitung der Ziele beteiligt – wurden uns diese Ziele vorgegeben – dann verwenden wir unsere Energie zunächst einmal dafür, festzustellen, warum diese Ziele denn nicht erreicht werden könnten.

Eine wichtige Aufgabe für alle Führungskräfte ist es deshalb, sich immer wieder auf die eigentlichen Führungsaufgaben zu besinnen – also tatsächlich zu führen – und sich nicht in Durchführungsaufgaben zu verschleißen. Und zu den Führungsaufgaben zählt, die Chancen und Risiken eines Unternehmens abzuschätzen, zusammen mit den wichtigen Mitarbeitern über Ziele nachzudenken, diese Ziele zu planen und zu formulieren und als Arbeitsgrundlage zu fixieren.

Wer sich in Durchführungsaufgaben verschleißt, hat für die eigentlichen Führungsaufgaben weder Zeit noch Kraft.

*Partner außerhalb des Unternehmens*

Die Kontaktpflege zu den wichtigen *Kunden*, *Lieferanten*, *Banken*, *Behörden* und zur *Presse* ist eine unverzichtbare Aufgabe jeder Führungskraft. Hierbei, so ist immer wieder festzustellen, steht sehr häufig nicht nur das Geschäftliche im Vordergrund. – Wieviele echte, tiefe Freundschaften haben sich schon aus den zunächst rein geschäftlichen Interessenverbindungen ergeben?

Wichtige Kunden sollten auch von Führungskräften besucht werden.

Ich war immer wieder überrascht, welch positive Wirkung es hatte, wenn die wichtigen *Kunden* von einer Führungskraft unseres Stammhauses besucht wurden. Der Kunde fühlte sich aufgewertet und auch der betreffende Außendienstmitarbeiter hatte in Zukunft ein wesentlich leichteres Arbeiten bei der betreffenden Firma.

Nicht wenige Firmen können auch vom Know-how der Fertigungsverfahren und von Materialkenntnissen der Mitarbeiter wichtiger *Lieferanten* profitieren. Ist einmal ein Vertrauensverhältnis zwischen Abnehmer und Lieferanten entstanden, so kann die Entwicklungsabteilung des Lieferanten ganz wesentliche Hilfen bei der eigenen Produktentwicklung bieten.

Die *Bank*, die wir hinsichtlich unserer Geschäftsentwicklung laufend informieren, wird uns ebenfalls ein nützlicher Gesprächspartner sein. Mit Sicherheit wird sie den Wunsch nach Aufstokkung des Kontokorrentkredits zur Erschließung neuer Märkte dann auch eher akzeptieren, als wenn sie über die Entwicklung der Firma nur spärlich informiert wäre.

Wir dürfen nicht davon ausgehen, daß uns die in den Behörden tätigen Menschen immer nur Steine in den Weg legen wollen.

Denken wir auch hinsichtlich der wichtigen Kontakte an die Anerkennungsbedürfnisse der Menschen, die in *Behörden* tätig sind. Auch hier können wir uns die Führungsaufgaben wesentlich erleichtern, wenn wir zu ihnen ein gutes, offenes Verhältnis finden. Da kann man durchaus in der Sache einmal unterschiedlicher Meinung sein, entscheidend ist aber, den anderen als Persönlichkeit zu akzeptieren und seine positiven Seiten anerkennend zu erwähnen.

Zeiteinsparung

Kontaktpflege kostet Zeit. Dieses Buch möchte Ihnen jedoch Hinweise geben, wie Sie besser mit Ihrer Zeit zurechtkommen. Ist das nicht ein Widerspruch?

Aber es gilt: Partnerschaften sind wichtige Erfolgsfaktoren. Die für Sie wichtigen Partnerschaften – deren Zahl auf eine angemessene Größenordnung beschränkt sein sollte – zu pflegen, gehört zu den Hauptaufgaben einer Führungskraft. Eine Vernachlässigung dieser Hauptaufgabe aus Zeitmangel spart mittelfristig bestimmt keine Zeit, sondern kostet erfahrungsgemäß wesentlich mehr Zeit als in eine laufende Kontaktpflege investiert werden muß.

Ein Beispiel:

*Gut investiert: Zeit für Kundenkontakte.*

*Ich habe mit einem Chef zusammengearbeitet, für den die regelmäßigen Kundenbesuche höchste Priorität hatten. Über Jahre hinweg war ein für beide Seiten außerordentlich vorteilhaftes Vertrauensverhältnis entstanden. Mein Chef hatte sogar Zugang zu den Entwicklungslabors verschiedener Kunden, die an Aufgaben arbeiteten, die noch als sehr geheim galten.*

*Verständlich, daß dies nicht durch eine einmalige Goodwill-Reise des Chefs möglich geworden war. Vertrauensvolle Zusammenarbeit über Jahre hinweg war vielmehr notwendig. Das kostet selbstverständlich auch Zeit. Leicht einzusehen ist aber doch, daß diese Zeit gut investiert war. Wenn man als Lieferant sogar schon in die Entwicklungsgedanken des Kunden mit einbezogen wird, hat man doch die große Chance, rechtzeitig die richtigen Produkte auf den Markt zu bringen.*

Vergessen Sie bei Ihrer Kontaktpflege auch nicht die für Ihr Unternehmen so wichtige Öffentlichkeitsarbeit, die sich meistens an die Journalisten Ihrer Regionalzeitungen wendet. Die Kontakte zur *Presse* sollten für Sie den gleichen Stellenwert haben wie Ihre Kontakte zu wichtigen Kunden und Lieferanten.

Bitte bearbeiten Sie jetzt wieder auf einem gesonderten DIN-A4-Blatt die folgende Arbeitsempfehlung:

Empfehlung 29: Wie sieht mein Kontaktpflege-Konzept aus?

Ich schreibe auf, wann ich das letzte Mal meine wichtigsten Kunden besucht habe. Weiß ich, welche Ziele meine *Kunden* haben? Sind diese Ziele in meinen Entwicklungen berücksichtigt? Kennen meine wichtigsten *Lieferanten* meine Bedürfnisse an neuen Produkten oder Dienstleistungen? Habe ich einen engen Kontakt zu unserer *Bank?* Diskutiere ich mit meinen Vertrauten bei unserer Bank über unsere kurz- und mittelfristigen Ziele? Ist mein Verhältnis zu *Behörden* spannungsfrei? Was kann ich gegebenenfalls verbessern? Kenne ich die *Redakteure* unserer Regionalzeitungen? Habe ich mit ihnen regelmäßig Kontakt?

# Auf einen Vorgang konzentrieren – »leerer Schreibtisch«

Wo kann man effizienter arbeiten – an einem leeren oder an einem vollen Schreibtisch?

In Spielfilmen wird nicht selten ein erfolgreicher Manager an seinem Arbeitsplatz so dargestellt, daß in seinem exklusiv eingerichteten Büro ein großer Schreibtisch steht mit einer noch größeren Schreibplatte, auf der nur ein einziger Vorgang liegt.

Ich weiß, daß eine solche Szene in den wenigsten Fällen die Realität widerspiegelt – aber dennoch lautet meine Empfehlung: Spielen Sie ab sofort die Rolle dieses Managers im Film und übernehmen Sie seine Arbeitsweise!

Nachdem Sie sich an dem betreffenden Arbeitstag entschieden haben, in welcher Reihenfolge Sie die offenen Aufgaben erledigen werden, legen Sie alle die Vorgänge aus Ihrem Blickfeld, die Sie gerade nicht bearbeiten. Verstauen Sie diese Unterlagen in oder hinter Ihrem Schreibtisch – bis auf den Vorgang, der von Ihnen als nächster bearbeitet werden soll.

Nur eine einzige Aufgabe bearbeiten – dies aber auch konzentriert!

Sie werden feststellen, daß Ihre Aufmerksamkeit dann nicht mehr von allen möglichen anderen Dingen abgelenkt wird. Denn Sie werden unweigerlich unkonzentrierter, wenn Sie die anderen Vorgänge noch im Blickfeld haben; Ihre Gedanken schweifen ab: Was ist sonst noch zu erledigen? Wer ist anzurufen? Welche Besuche stehen an?

Ihre volle Aufmerksamkeit darf sich also nur auf den Vorgang konzentrieren, der zur Zeit vor

Ihnen auf der Schreibtischplatte liegt. Nur so können Sie zügig arbeiten und die Reihenfolge Ihrer Prioritäten einhalten.

Zur Ordnung am Arbeitsplatz gehört auch Disziplin.

Gelingt Ihnen dies, haben Sie mit Erfolg eine Störungsursache beseitigt, für die jeder selbst verantwortlich ist. Zwar ist diese Arbeitsweise nur mit einer gewissen Disziplin möglich; den Nutzen solchen Arbeitens sollten Sie aber einmal durch eigenes Erleben erfahren.

Ordnung am Arbeitsplatz bringt auch Ordnung in unsere Gedanken. Was kann nützlicher sein als unser Interesse auf die jeweilige Aufgabe zu konzentrieren und alle Informationen aus unseren Bewußtseinsebenen für die gerade zu bearbeitende Tätigkeit zu bekommen?

Sie erzielen mit Ihrem »leeren Schreibtisch« auch noch einen weiteren Effekt: Sie strahlen einem eventuellen Besucher Kompetenz und Vertrauenswürdigkeit aus. Überlegen Sie bitte: Von wem würden Sie den Eindruck haben, daß er seine berufliche Situation im Griff hat? Von jemandem, der hinter einem Schreibtisch sitzt, der gefüllt ist mit verschiedenen Vorgängen, oder von jemandem, der nur einen Vorgang auf einem sonst leeren Schreibtisch bearbeitet?

*Die Wirkung eines leeren Schreibtisches.*

*Ein Unternehmer berichtete mir, daß er aufgrund unserer Anregungen in den Planungstagen voller Elan nach Hause gefahren war und als erstes sein Büro gründlich durchstöbert hatte. Viele Vorgänge waren überflüssig geworden, konnten weggeworfen oder in die Ablage gegeben werden. Dieser Unternehmer praktiziert seitdem die Arbeit an einem leeren Schreibtisch und bestätigte mir, daß in der gleichen Zeit viel konzentrierter gearbeitet werden kann als vorher und sich dadurch mehr in der gleichen Zeit erledigen läßt.*

Zeiteinsparung

Zum Thema »Ordnung« noch ein interessantes Beispiel:

*Mit einem Unternehmensberater führte ich einmal ein sehr interessantes Gespräch über seine Vorgehensweise nach der Akquisition eines neuen Auftrages. Er ließ sich dann jeweils vom Inhaber des zu beratenden Unternehmens die Zustimmung geben, zunächst einmal allein durch den Betrieb gehen zu dürfen. So wollte er sich einen Überblick über Ordnung und Sauberkeit in den einzelnen Abteilungen und Sozialräumen verschaffen.*

*Erhebliche Einsparungen durch Ordnung und Sauberkeit im Betrieb.*

*Der Unternehmensberater war davon überzeugt und konnte es auch belegen, daß in nicht wenigen Betrieben ganz erhebliche Einsparungsmöglichkeiten darin bestehen, der Ordnung und der Sauberkeit einen höheren Stellenwert beizumessen. Welches Geld da buchstäblich auf dem Boden liegt, machte er dann durch verschiedene Handlungen besonders drastisch deutlich.*

Wir können aber nicht verlangen, daß in anderen Abteilungen Ordnung und Sauberkeit einziehen, wenn wir großzügig Unordnung im eigenen Aufgabengebiet – vielleicht auf dem eigenen Schreibtisch – akzeptieren. Also auch hierbei gilt: Führungskräfte müssen sich ihrer Vorbildfunktion bewußt sein. In keinem Betrieb wird es Ordnung geben, wenn sie nicht von den Führungskräften vorgelebt wird. Und diese Ordnung beginnt auf dem eigenen Schreibtisch!

Wenn der Chef großzügig das Chaos pflegt – wie sollen dann die Mitarbeiter Ordnung halten?

Stellen Sie deshalb Ihren Posteingangskorb so, daß Ihr Blick von Ihrem Schreibtischsessel nicht sofort auf ihn fällt. Die Verlockung ist doch sehr groß, schon begonnene Arbeiten zu unterbrechen, wenn die Eingangspost in den Korb gelegt worden ist, man in ihr Kundenaufträge oder was auch immer vermutet und sie dann einmal »schnell« überblättert. Allein dieses Überblättern ist jedoch schon eine Unterbrechung Ihrer Arbeit, eine Unterbrechung Ihrer Konzentration auf die gerade zu lösende Aufgabe.

Empfehlung 30: Ich schaffe mir einen leeren Schreibtisch.

Ich genieße in Zukunft die Vorzüge eines leeren Schreibtisches. In den nächsten drei Arbeitstagen entferne ich alle Vorgänge aus meinem Blickfeld, die im Moment von mir nicht bearbeitet werden. Ich werde meinen Arbeitsstil nach dieser Erfahrung dann nicht mehr ändern.

## Die Papierflut besser bewältigen

Ein Teilnehmer an den HelfRecht-Planungstagen meinte einmal: »Die erste Geißel der Menschheit war die Sintflut, die zweite ist nun die Papierflut.«

Hat er nicht recht? Fühlen wir uns nicht oft durch die Fülle des Lesestoffes überfordert? Wieviele Fachzeitschriften, Fachaufsätze, Berichte, Protokolle oder diverse Notizen finden wir Tag für Tag in unserem Posteingang?

Können wir diese Flut von Informationen überhaupt beherrschen? Wenn ja, wie?

Früher meinte man, mit dem Einzug des Computers ins Büro käme das »papierlose« Büro – aber was ist tatsächlich geschehen? Die modernen Kommunikationstechniken haben und werden die Flut von schriftlichen Informationen eher noch weiter anwachsen lassen! Wir müssen uns daher dieser Problematik stellen und nach Lösungen suchen.

Zeiteinsparung

*Tip 1*

Wählen Sie kritisch aus, welche Informationen wichtig sind! Hier erkennen wir wieder, wie eng klare Ziele mit der Zeiteinsparung verbunden sind. Wenn wir genau wissen, was in unserem Leben zählt, können wir auch entscheiden, welcher Wissensstoff für uns Bedeutung hat.

Die täglich über uns hereinbrechende Informationsflut macht ein kritisches Auswählen notwendig.

Der erste Schritt bei der Auswahl der wichtigen Informationen besteht darin, Stichworte der Interessensgebiete festzuhalten, die für die eigenen Lebensumstände und für die eigenen Ziele von Bedeutung sind.

Eine mögliche Gliederung Ihres Daten-/ Ideenspeichers könnte wie folgt aussehen:

- ☐ Ihre beruflichen Hauptaufgaben
  - Ihre Ideensammlung zu Jahres-, Perioden-Lebenszielplänen
  - Liste Ihrer Erfolge
  - Liste der Mißerfolge
  - Aktivitäten des Wettbewerbs
  - Wichtige Geschäftszahlen (zum Beispiel Umsatz, Auftragseingang, Betriebsergebnisse)
- ☐ Wiedervorlage (wöchentlich, monatlich, vierteljährlich, halbjährlich, jährlich)

- Privater Bereich
  - Ideensammlung zu Jahres-, Perioden-, Lebenszielen
  - Familie
  - Hobby, Garten
  - Urlaub, Freizeit
  - Gesundheit
  - Vermögen
  - Geschenkideen

Lassen Sie sich von diesen Stichworten inspirieren und ergänzen Sie diese Liste nach Ihrem persönlichen Bedarf.

Schaffen Sie sich einen Daten- und Ideenspeicher, der Ihren ganz persönlichen Bedürfnissen entspricht!

Auf das Anlegen dieses Daten- und Ideenspeichers mit den entsprechenden Stichworten muß besonders viel Sorgfalt verwendet werden. Es empfiehlt sich deshalb auch, die Aufstellung immer wieder einmal anzusehen, zu ergänzen und zu korrigieren. Denn steht sie einmal fest, und haben wir nach einem bestimmten Stichwortverzeichnis unsere Informationen bereits angeordnet, dann bedeutet jede Änderung der Suchkriterien – also der festgelegten Stichworte – eine vollständige Neugliederung der bereits gesammelten Informationen. Das bedingt einen immensen Arbeitsaufwand.

Informationen, die uns bei der Realisierung angestrebter Ziele helfen, werden entweder sofort verwertet oder aber – und das wird häufiger der Fall sein – nach den festgelegten Stichworten gesammelt. Wir lesen und verwerten die Informationen in diesem Fall erst dann, wenn wir die jeweiligen Aufgaben bearbeiten.

Bei dieser Vorgehensweise wird zwangsläufig sehr viel Lesestoff unbearbeitet bleiben. Es darf uns aber kein schlechtes Gewissen bereiten, wenn wir Zeitschriften im Postumlauf ungelesen weitergeben, weil sie im Moment keinen für uns wichtigen Artikel zu bieten haben.

*Tip 2*

Wählen Sie für die Bearbeitung des Lesestoffes die für unser Leistungsvermögen weniger wichtige Zeit!

Jeder Mensch besitzt seine individuelle Leistungskurve. Dieser Leistungskurve sollten wir auch Rechnung tragen bei der Festlegung, wann wir welche Arbeiten erledigen. In die besonders kreativen und leistungsstarken Phasen legen wir die Bearbeitung wichtiger Aufgaben; in den weniger starken Leistungsphasen gehen wir dann unter anderem unseren Lesestoff durch.

Jeder sollte seine individuelle Leistungskurve kennen – so können wir die Zeiten herausfinden, in denen wir beispielsweise den angesammelten Lesestoff durchgehen können.

*Tip 3*

Lesen Sie nicht zuviel auf einmal!

Ein häufiger Fehler ist, daß Lesestoff aus dem Posteingang zur Seite gelegt wird und sich so im Laufe einer Woche ein Stapel an Fachzeitschriften, Aufsätzen und dergleichen ansammelt. Dieser Stapel soll dann am Wochenende durchgelesen und ausgewertet werden. Da aber die Aufnahmefähigkeit unseres Gedächtnisses begrenzt ist, sollten Sie einmal kritisch testen, was tatsächlich nach ein paar Wochen noch an Wissen davon für Sie verfügbar ist.

## *Tip 4*

Beachten Sie die Lerngesetze!

Vier Schritte sind es, die wir bei der Aufnahme von schriftlichen Informationen unbedingt berücksichtigen sollten.

a) Überfliegen des Lesestoffes. Erkennen wir an den Zwischenüberschriften, an den Zusammenfassungen am Anfang oder Ende des Artikels oder im Klappentext eines Buches, ob der Inhalt dieser Information, dieses Artikels oder dieses Buches für uns Bedeutung hat? Nur dann bearbeiten wir diesen Lesestoff. Andernfalls lassen wir ihn unbearbeitet liegen oder geben ihn im Umlauf an den nächsten Mitarbeiter weiter.

b) Sensibilisieren wir unsere Sinne, indem wir uns selbst fragen, welche Informationen wir aus dem betreffenden Artikel oder Buch erwarten, bevor wir mit dem Lesen beginnen. Wir werden dann viel aufmerksamer die betreffenden Informationen registrieren.

c) Erst an dritter Stelle folgt dann, womit wir üblicherweise beginnen: Das Lesen des Artikels und das Kennzeichnen der für uns wichtigen Passagen mit einem Textmarker.

Formulieren Sie immer wieder mit eigenen Worten, was Sie gerade gelesen haben!

d) Unser Gedächtnis unterstützen wir, wenn wir Bekanntes mit neuen Informationsinhalten verknüpfen. Nützlich ist es, wenn wir mit Randvermerken am jeweiligen Artikel in eigenen Worten festhalten, welche neuen Informationen uns hier vermittelt wurden.

## *Tip 5*

Lassen Sie Lesestoff bewußt so lange liegen, bis die betreffenden Informationen für die Bearbeitung von Aufgaben verwertet werden können!

In der Wissensordnung bewahren wir alle Informationen auf, die für unsere Ziele irgendwann von Bedeutung sein könnten. Erst wenn die betreffenden Pläne bearbeitet werden, verwerten wir die gesammelten Informationen.

*Tip 6*

Machen Sie eine Aufwand-/Nutzenanalyse!

Die Meßplatte für diese Analyse ist das, was in unserem Leben zählt und wichtig ist. Gehen wir kritisch um mit unserem kostbarsten, nicht vermehrbaren Gut – unserer Zeit – und fragen wir uns immer wieder: Ist uns die Erarbeitung einer Information oder eines neuen Wissensgebietes den Einsatz der erforderlichen Zeit und des aufzubringenden Geldes wert?

Empfehlung 31: Meine persönliche Wissensordnung

Wie werde ich diese Aussagen verwerten? Welche Wissensgebiete sind für meine Ziele besonders wichtig? Ich sammle meine Ideen in einer Stichwortliste und erarbeite mir danach Schritt für Schritt meine persönliche Wissensordnung.

Kapitel 4

# Die verfügbare Zeit bestmöglich nutzen

Jeder geht anders mit der zur Verfügung stehenden Zeit um.

Wir haben uns schon zu Beginn dieses Buches mit dem nicht seltenen Phänomen auseinandergesetzt, daß wir alle zwar über den gleichen Zeitrahmen verfügen können; daß das Ergebnis des Umgangs mit der Zeit – ausgedrückt in Lebensfreude, Lebensglück und Lebenserfolg – jedoch sehr unterschiedlich aussieht. Und wir haben ferner festgestellt, daß nicht diejenigen, die auf die Umwelt besonders arbeitsam wirken und deren Terminkalender kaum noch freie Stellen aufweist, die zwangsläufig Erfolgreichen sind. Das Gegenteil trifft statt dessen in der Regel zu: die Erfolgreichen strahlen Ruhe, Gelassenheit und Souveränität aus.

Aber warum hören wir immer wieder den Satz: »Ich habe keine Zeit«?

Trifft diese Aussage überhaupt zu? Mit Sicherheit nicht, denn wie wir wissen, verfügen wir alle zwar über die gleiche Zeit; viele nutzen sie jedoch nicht richtig.

Es darf also nicht heißen: »Ich habe keine Zeit«, sondern: »Ich habe *dafür* keine Zeit, weil ich über meine Zeit bereits mit *anderen Aufgaben* verfügt habe.«

»Ich habe keine Zeit« sollte besser heißen: »Ich habe *dafür* keine Zeit«.

Hier also der Ansatz: Über die Zeit habe ich mit anderen Aufgaben bereits verfügt. Aber fragen Sie sich: Sind diese Aufgaben die für mich wichtigen? Komme ich nur noch zum Reagieren oder habe ich noch ausreichend Spielraum, selbst zu agieren? Welche Zeitdiebe stehlen mir zuviel von meiner Arbeitszeit?

Wer kein Ziel hat, kann auch seine Zeit nicht richtig verwenden.

Ob es um das Setzen von Prioritäten geht, um die richtige Zeitverwendung oder den richtigen Lesestoff – immer wieder kommen wir zwangsläufig zum gleichen Thema: *Unsere Ziele bestimmen, wie wir unsere Zeit verwenden!* Haben wir keine Ziele, so werden wir in unserer arbeitsteiligen Welt sehr schnell fremdbestimmt und für unsere Umwelt wie Schachfiguren für die Realisierung der Ziele anderer verwendet.

Geht Ihnen viel Zeit durch Zeitdiebe verloren? Gerade bei der Antwort auf diese Frage kann Ihnen Ihre Störquellenanalyse wertvolle Aufschlüsse geben. Sind die Zeitdiebe überwiegend Mitarbeiter aus dem eigenen Unternehmen, so analysieren Sie den Grund dieser Störungen. Sind es fehlende Kompetenzen? Fehlen den Mitarbeitern wichtige Informationen? Gehen Mitarbeiter den bequemen Weg, schwierige eigene Aufgaben an den Vorgesetzten zurückzudelegieren?

Vermeiden Sie auf jeden Fall Rückdelegation.

Lassen Sie sich nicht dazu einspannen, die Aufgaben Ihrer Mitarbeiter zu erledigen. Wenn Ihnen ein Mitarbeiter schildert, was er gerade bearbeitet und Sie um einen Lösungsvorschlag gebeten werden, so sollten Sie dieser Versuchung widerstehen und *zuerst* Ihren Mitarbeiter seine Gedanken vortragen lassen. Noch schlimmer wäre es, wenn Sie sagten: »Lassen Sie diesen Vorgang bei mir, ich werde mich darum kümmern.« Denn damit hätten Sie sich das größte Überlastungsproblem von Führungskräften selbst geschaffen: Durchführung von Aufgaben, die eigentlich von Mitarbeitern erledigt werden müßten. Mit anderen Worten: Rückdelegation!

Sperren Sie sich also unbedingt gegen diese Zeitdiebe!

Empfehlung 32: Welche Zeitdiebe gibt es?

Ich schreibe auf, welche Zeitdiebe regelmäßig meinen Arbeitsalltag stören. Ich notiere auch die Ursachen dafür.

## Zeitraubende Nebentätigkeiten kritisch bedenken

Es ist sehr erfreulich, daß es eine ganze Reihe von mittelständischen Führungskräften gibt, die sich auch nebenberuflich in verschiedenen Funktionen betätigen. Wie können die Interessen der mittelständischen Wirtschaft besser repräsentiert werden, als wenn Unternehmer oder leitende Angestellte sich aktiv in politischen Parteien und Interessenverbänden beteiligen?

Nebentätigkeiten dürfen nicht zur Belastung werden.

Entscheidend ist dabei jedoch, daß diese nebenberuflichen Aufgaben noch genügend zeitliche Freiräume lassen, um die wichtigen Aufgaben der Unternehmensführung ausreichend wahrnehmen zu können.

Ich kenne zum einen Beispiele dafür, daß der geschäftliche Erfolg unter der nebenberuflichen Tätigkeit leidet, zum anderen aber auch Fälle, daß außergewöhnlich erfolgreiche Unternehmer sich mit gleichem Erfolg sehr aktiv in politischen Parteien engagieren.

Auch Sportvereine müssen geführt werden. Aber auch hier müssen die Interessen gegeneinander abgewogen werden. Selbstverständlich schmeichelt es, wenn uns ein Vereinsvorsitz angetragen wird. Ist aber dieses Engagement, das nicht selten mit erheblichem Zeitaufwand und – was noch schlimmer ist – nicht selten mit viel Ärger verbunden ist, den Einsatz wert?

Gibt es nicht gerade im Berufsalltag genügend Herausforderungen, die stimmungsbelastend sind? Sollten wir uns dann in unserer Freizeit noch weiteren Problemen aussetzen?

Habe ich nebenberufliche Aufgaben, die mich mehr Lebenskraft kosten als sie mir bringen? Wenn ja, wie kann ich mich ohne Ruf- und Imageschädigung aus diesen Aufgaben geplant zurückziehen?

Empfehlung 33: Kosten mich nebenberufliche Aufgaben Lebenskraft?

## »Nein« sagen lernen

Wer nicht »Nein« sagen kann, wird seine »Ja's« nicht lange einhalten können. Was dieser Satz umschreibt, ist eine große Gefahr für den Lebenserfolg jedes Menschen. Der Ruf unserer Zuverlässigkeit steht auf dem Spiel!

Jede noch so tüchtige Führungskraft hat irgendwo ihre Leistungsgrenze. Aber gerade solche Mitarbeiter ziehen weitere Aufgaben nahezu magnetisch an. – Denn was kann einem Chef letzten Endes auch angenehmer sein als zu wissen, daß er engagierte Mitarbeiter besitzt, die sich mit voller Kraft für die Realisierung der Ziele einsetzen?

Die Aufgabe des Chefs ist es aber auch, genau zu beobachten, wo eventuell die Leistungsgrenze überschritten ist. Bereits die ersten Anzeichen einer terminlichen Unzuverlässigkeit bei Personen, bei denen der Chef früher äußerste Terminzuverlässigkeit gewohnt war, sind Alarmsignale.

Wenn Leistungsgrenzen eines Mitarbeiters überschritten sind, sollten Aufgaben neu verteilt werden.

Ist eine solche Situation gegeben, sollte ein ausführliches Gespräch stattfinden. Dabei muß der Chef dann aber auch die mögliche Bitte des Mitarbeiters akzeptieren, die Aufgaben neu festzulegen, weil er alle in der Zwischenzeit übernommenen Tätigkeiten nicht mehr zuverlässig – sowohl in qualitativer, wie auch in terminlicher Hinsicht – erledigen kann.

Hier habe ich zunächst an die Verantwortung der Chefs appelliert; gewiß ist die Eigenverantwortung der Führungskräfte aber genauso wichtig. Das Kind darf nicht schon in den Brunnen gefallen sein, bevor man selbst reagiert.

Ganz gefährlich wird es, wenn durch Überlastung eine Unzuverlässigkeit nach außen spürbar wird. Wie schnell ist dann ein über Jahre mit großem Aufwand erreichtes Image eines zuverlässigen, guten Partners zerstört? So weit darf es einfach nicht kommen. Hier ist der jeweilige Mitarbeiter genauso in die Pflicht genommen wie der Vorgesetzte, der durch seine Hauptaufgabe »Kontrolle« rechtzeitig erkennen muß, wann sich eine Überlastung der Mitarbeiter entwickelt. Nur so kann die zuverlässige Erledigung der Aufgaben auf Dauer gesichert werden.

Auf keinen Fall darf es eine dauerhafte Überlastung von Mitarbeitern geben.

Selbstverständlich freuen wir uns als Vorgesetzte über ein großartiges Engagement unserer

Mitarbeiter. Beachten Sie unbedingt bitte aber auch, daß Ihre Mitarbeiter genügend Zeit haben, sich gut zu erholen. Umso leistungsfähiger werden dann die Mitarbeiter im Arbeitsalltag sein.

Wo sehe ich die Gefahr einer Ruf- oder Ertragsschädigung, die durch meine persönliche Unzuverlässigkeit oder die meiner Mitarbeiter aufgrund von Arbeitsüberlastung verursacht werden kann?

Empfehlung 34: Könnten wir unser Unternehmen durch Unzuverlässigkeit schädigen?

## Das Pareto-Prinzip – die 80/20-Regel – beachten

Der italienische Wirtschaftswissenschaftler Vilfredo Pareto (1848 bis 1923) entdeckte eine heute allgemein bekannte Gesetzmäßigkeit im Wirtschaftsleben, die auch bei der optimalen Verwendung der Zeit von Bedeutung ist.

Dieses »Pareto-Prinzip« – die 80/20 Regel – besagt: 80 Prozent einer zu untersuchenden Quantität ergeben 20 Prozent Wert; die restlichen 20 Prozent der zahlenmäßigen Summe machen 80 Prozent des Gesamtwertes aus.

Die meiste Zeit verbringen wir mit Tätigkeiten, die wenig Ertrag einbringen.

Was sich kompliziert liest, ist im Grunde ganz einfach: Wenn Sie einmal Ihre Kundenstruktur untersuchen, so werden Sie diese Gesetzmäßigkeiten bestätigt finden. Denn mit 80 Prozent Ihrer Kunden machen Sie in der Regel 20 Prozent Ihres Umsatzes. Mit den restlichen 20 Prozent Ihrer Kunden erwirtschaften Sie dagegen den Löwenanteil, nämlich 80 Prozent Ihres Umsatzes!

Diese Regel können Sie auf viele Gebiete übertragen: In Ihrer Umsatzstatistik werden Sie etwa feststellen, daß Sie mit einer Vielzahl Ihrer Produkte – mit 80 Prozent – nur 20 Prozent Ihres Umsatzes erwirtschaften; mit relativ wenig Produkten – mit 20 Prozent – erzielen Sie jedoch vier Fünftel Ihres Umsatzes.

Untersuchen Sie doch einmal, wie es mit Ihrer Zeitverwendung aussieht. Auch hier wird sich das Pareto-Prinzip bewahrheiten. Vielleicht sieht es aber in Ihrem Arbeitsgebiet noch viel schlimmer aus, daß Sie nämlich nicht einmal 20 Prozent Ihrer Arbeitszeit den wichtigen Dingen widmen.

Empfehlung 35: Weniger – aber dafür effizienter – arbeiten.

Wenn ich zu den Führungskräften zähle, die pro Woche mehr als 50 oder sogar 60 Stunden arbeiten, bietet mir das Pareto-Prinzip eine sehr gute Hilfestellung. Ich streiche mindestens zwei Stunden pro Tag, in denen ich mich mit unwichtigen Aufgaben befaßt habe, und setze dafür eine Stunde für wichtige Aufgaben ein. Ich arbeite weniger, dafür aber viel effizienter. Zwei Wochen lang beobachte ich meine Arbeitsweise, indem ich mich jeden Abend frage, welche der von mir bearbeiteten Vorgänge tatsächlich Chefaufgaben waren: Welche Arbeiten hätte ich durchaus an Mitarbeiter delegieren oder unerledigt liegen lassen können?

# Durch Delegation entlasten

Zeiteinsparung

Wenn ich in den HelfRecht-Planungstagen über Delegation spreche, dann gibt es häufig unterschiedliche Auffassungen. Für die eine – erfreulicherweise größere – Gruppe der Teilnehmer ist Delegation von Arbeit und Verantwortung selbstverständlich. Sie delegieren bereits mit gutem Erfolg, während andere Teilnehmer behaupten, daß in ihrem Aufgabenbereich keine Delegation von Aufgaben möglich ist. Ihnen fehlten ganz einfach die entsprechend qualifizierten Kräfte.

Wer delegieren will, findet auch die entsprechenden Mitarbeiter.

Diese Aussage mag zwar richtig sein. Aber wurde dieser Mißstand nicht vom Unternehmer oder vom Vorgesetzten selbst verursacht?

Denn gerade in mittelständischen Betrieben gibt es nicht selten folgende Situation:

*Unternehmens-Wachstum fordert mehr Delegation.*

*Ein junger Geselle oder Meister machte sich vor Jahren selbständig. Sein gutes Produkt/seine gute Dienstleistung, verbunden mit einem großen Arbeitseinsatz, fand viele Kunden auf dem Markt; dieses Unternehmen ist zu einem angesehenen Betrieb herangewachsen. Die vielfältigen Aufgaben, die der Firmengründer früher als Ein-Mann-Betrieb in der Aufbauphase natürlich alle allein wahrnehmen mußte (und konnte), sind mit dem Wachstum aber nicht an andere Mitarbeiter verantwortlich übertragen worden. Nur Durchführungsaufgaben wurden abgegeben. Wo etwas eingekauft wird, zu welchem Preis welcher Kunde eine größere Stückzahl einer bestimmten Ware erhält, wie der*

*Werbeprospekt besonders verkaufswirksam wird, welche EDV-Anlage die geeignetste ist, alle diese Entscheidungen und noch viele andere mehr hat sich der Inhaber vorbehalten.*

Ein Unternehmer, der so wenig delegiert, darf sich aber nicht wundern, wenn er sehr schnell nur noch von Ja-Sagern, also von reinen Erfüllungsgehilfen, umgeben ist.

Ein weiser Spruch trifft deshalb den Kern der Sache: *Ein guter Chef hat sehr gute Mitarbeiter. Ein mittelmäßiger Chef hat schlechte Mitarbeiter.*

Wer Arbeit und Verantwortung nicht delegiert, ist sehr bald überlastet.

Mit anderen Worten: Von den Führungsqualitäten des Vorgesetzten ist die Qualifikation der Mitarbeiter abhängig! Dieser enge Zusammenhang führt einen Unternehmer, der nicht bereit ist, Aufgaben und Verantwortung zu delegieren, in den Teufelskreis der Arbeitsüberlastung. Die enge gegenseitige Abhängigkeit von Führungsqualität und Mitarbeiterqualifikation stellt zugleich aber auch eine große Chance dar!

Sie besteht darin, daß sich gekonnt delegierende Unternehmer entlasten und dadurch für die immer größer werdenden Anforderungen des Marktes gut gerüstet sind. In unserer arbeitsteiligen Welt wird es immer notwendiger werden, daß sich die Führungskräfte auf die wichtigen Hauptaufgaben konzentrieren und sich aus Durchführungsaufgaben weitgehend zurückziehen.

Warum wird von dieser Entlastungsmöglichkeit aber nicht ausreichend Gebrauch gemacht? Ein Grund dafür wird sein, daß manche Vorgesetzte kein Vertrauen in die Qualität der Arbeit ihrer Mitarbeiter haben. Sie meinen also, nur das selbst Erledigte besitze die notwendige hohe Qualität.

Zeiteinsparung

Zur Delegation gehört selbstverständlich auch das Vertrauen in die Fähigkeiten der Mitarbeiter.

Aber gibt es nicht auch im Wirtschaftsleben die sprichwörtlichen vielen Wege nach Rom? Wer sagt uns denn, daß nur der Chef den einzig richtigen Weg kennt? Kann nicht auch ein Mitarbeiter einen – vielleicht sogar unkonventionellen – Weg zur Problemlösung und Aufgabenbewältigung finden? Ein weiteres kommt hinzu: Wenn wir nicht bereit sind, Aufgaben und dazu auch Verantwortung zu delegieren, hat unser Mitarbeiter überhaupt keine Chance, an Schwierigkeiten, Problemen und unvorhergesehenen Komplikationen zu wachsen und sich weiterzuentwickeln.

Denken Sie doch einmal daran, wie Sie Ihre eigene Berufserfahrung erworben haben. Wird Ihnen nicht manchmal noch flau in der Magengegend, wenn Sie sich an Ereignisse erinnern, die Sie zu überstehen hatten und bei denen Sie nicht besonders souverän aussahen? Diese Entwicklungsschritte waren aber für jeden notwendig, um zu seiner Berufserfahrung zu gelangen und damit zu wachsen. Dürften wir überhaupt Auszubildende betreuen, wenn wir nicht bereit wären, möglichst allen Mitarbeitern die Chance zu geben, aus ihren Fehlern zu lernen?

Jeder lernt aus Fehlern – das müssen wir auch unseren Mitarbeitern zugestehen.

Aufgrund des bisher Dargestellten ist Ihnen sicher bewußt geworden: Auswahl und Führung von Mitarbeitern gehören zu einer der wesentlichsten Chefaufgaben. Bei der Personalauswahl können wir entscheidende Fehler machen oder auch richtig handeln. Die permanente Arbeit der Personalführung mit dem Ziel, die richtigen Mitarbeiter zu finden, sie zu führen und zu motivieren, kostet gewiß Zeit. Aber wir müssen uns diese Zeit nehmen, wenn wir eine Entlastung durch gut geschulte und in unserem Sinn handelnde Mitarbeiter wünschen. Zwar belastet die Einarbeitung und Ausbildung der Mitarbeiter zunächst eine Führungskraft; diese Zeit ist jedoch gut investiert, da sich bald der gewünschte Entlastungseffekt einstellt.

Empfehlung 36: An wen kann ich welche Aufgaben delegieren?

Ich überlege in den nächsten zwei Wochen nach jedem abgelaufenen Arbeitstag, welche Aufgaben ich erledigt habe. Welche Tätigkeiten kann in Zukunft ein Mitarbeiter übernehmen? Wann beginne ich mit der notwendigen Einweisung?

## Besprechungen effizienter führen

*Die meisten Besprechungen bleiben ohne Ergebnis!*

*Eine amerikanische Unternehmensberatung untersuchte 2000 Besprechungsprotokolle von großen Firmen und ermittelte, wieviele dieser Besprechungen ohne Ergebnis blieben.*

*Wenn ich in den von mir geleiteten HelfRecht-Planungstagen die Teilnehmer schätzen lasse, wie hoch der Prozentsatz liegen wird, höre ich nicht selten die richtige Zahl: 90 Prozent!*

Ist diese Schätzung deshalb so treffend, weil die Teilnehmer ähnliche eigene Erfahrungen gemacht haben? Überlegen wir: Einerseits heißt es, daß die Führungskräfte zeitlich zu stark belastet sind, andererseits werden Unsummen von Geld und Zeit bei Besprechungen verschwendet!

Unvorbereitete oder ungenügend vorbereitete Besprechungen brauchen eigentlich gar nicht abgehalten zu werden – denn am Ende geht man meistens genauso »schlau« aus der Konferenz, wie man vorher hineingegangen war.

Paradox, werden Sie zu Recht sagen – aber irgendwo muß es doch eine Ursache für diese Situation geben. Und wie so häufig, so gibt es auch hier ganz einfache Gründe: Besprechungen verlaufen in den meisten Fällen deshalb ohne Ergebnis, weil sie schlecht oder überhaupt nicht vorbereitet wurden! Die Mehrzahl der Besprechungsteilnehmer weiß meistens nicht oder nur unzureichend, welche Themen anstehen. Sie konnten sich deshalb auf die Besprechungspunkte gar nicht oder nur ungenügend vorbereiten. Fakten können nicht besprochen werden – eher nur Vermutungen. So ist es oftmals reiner Zufall, zu welchem Ergebnis die Gesprächsrunde gelangt.

Nicht selten werden Diskussionen in derartigen Besprechungen wegen fehlender Fakten zudem sehr unsachlich geführt, und es kann zu persönlichen Diffamierungen mit allen damit verbundenen negativen Folgen kommen.

Besonders negative Auswirkungen hat es, wenn durch eine solche Besprechung das Betriebsklima – die Stimmung im Betrieb – nachhaltig gestört wird. (Gerade mit der Bedeutung der Stimmung werde ich mich in einem späteren Abschnitt – ab Seite 185 – beschäftigen.)

Jede Führungskraft sollte für ihren Zuständigkeitsbereich sicherstellen, daß keine Besprechung stattfindet, ohne daß sich die Teilnehmer ausreichend vorbereiten konnten. Die Angabe der Tagesordnungspunkte reicht da jedoch oft nicht aus. Denn erst eine Kurzinformation zu den jeweiligen Tagesordnungspunkten versetzt die Besprechungsteilnehmer in die Lage, Fakten und Daten zusammenzutragen und in der Besprechung an einer Entscheidung verantwortlich mitwirken zu können.

Eine gute Besprechungsvorbereitung kostet Zeit. Sie führt aber zur Einsparung von Zeit, wenn damit der sprichwörtliche »Treppenwitz« vermieden wird: nicht selten fallen einem Gedanken erst nach Beendigung einer Besprechung ein. Das Ansetzen eines weiteren Besprechungstermines, um diese wichtigen Gedanken später doch noch vorzubringen oder eine nochmalige Besprechung kosten dann viel mehr Zeit als eine gründliche Vorbereitung.

*Wie Besprechungen optimal vorbereitet werden können.*

*Ich habe sehr gute Erfahrungen mit folgender Vorgehensweise gemacht: In meinem Zeitplanbuch trage ich für jede Besprechung zwei Termine ein. Einmal den Besprechungstermin selbst und als zweiten Termin: »Vorbereitung auf Besprechung ...«.*

*Den Zeitpunkt zur Vorbereitung lege ich aus zwei Gründen einige Tage vor den jeweiligen Besprechungstermin:*

*Wenn ich durch kurzfristige, dringende Arbeiten unvorhergesehen gestört werde, möchte ich trotzdem noch ausreichend Zeit für die Vorbereitung der geplanten Besprechung zur Verfügung haben. Wenn zwischen der Vorberei-*

*tung auf die Besprechung und der Besprechung selbst etwas Zeit liegt, nutzen wir die bereits geschilderten Funktionen unserer Bewußtseinsebenen, die nicht selten sehr hilfreiche zusätzliche Informationen liefern.*

*Jeder Verkäufer weiß, wie schnell er zu einem Verkaufsabschluß kommt, wenn es ihm gelingt, dem Kunden den Vorteil deutlich zu machen, den er mit der betreffenden Ware/Dienstleistung erwirbt.*

*Jede Gesprächsvorbereitung hat letztlich das gleiche Ziel: Ich arbeite den Nutzen für den Gesprächspartner heraus. Das bedeutet, daß ich mir die Wünsche des Kunden oder des Gesprächspartners genau überlegen muß, indem ich mich gedanklich in seine Lage versetze. In der Besprechung kann ich ihm dann aufzeigen, welche Vorteile ich ihm zu bieten habe.*

Zeiteinsparung

Diese Vorbereitung auf eine Besprechung kostet selbstverständlich Zeit. So investiere ich in der Regel sogar mehr Zeit in die Vorbereitung der Besprechung als in die eigentliche Besprechung. Dadurch kann ich jedoch ein wesentliches Ziel erreichen: die allermeisten Besprechungen können mit einem für beide Seiten befriedigenden Ergebnis abgeschlossen werden.

Wer genügend Zeit in die Vorbereitung einer Besprechung investiert, wird meistens auch mit befriedigenden Ergebnissen rechnen können.

Mag der eine oder andere vielleicht denken, er habe nicht so viel Zeit, diesen Aufwand zu betreiben. Ich bin jedoch davon überzeugt, daß sich ein solcher Aufwand immer lohnt. Denken wir doch noch einmal an die schon erwähnte amerikanische Untersuchung: sie sagt ganz deutlich, was bei fehlender oder falscher Besprechungsvorbereitung geschieht.

Ein ebenfalls häufig anzutreffender Mangel von Besprechungen ist, daß sie zeitlich unkontrolliert ausufern. Das einfachste Mittel, immer wieder zum Kern des Besprechungsthemas zurückzukommen: der Besprechungsleiter muß für Disziplin sorgen. Dazu gehört jedoch großes Fingerspitzengefühl, denn es ist auch sinnvoll, Gespräche einmal laufen zu lassen, weil in den Beiträgen durchaus wertvolle Gedanken zu einer Problemlösung stecken können.

Besprechungen sollten zwar straff geführt werden – manchmal ist es jedoch sinnvoll, die Diskussion nicht abzubrechen, um eine Art von »Brainstorming« zu erreichen.

Auch für die Führung von Gesprächen gilt, was bereits einige Male in diesem Buch angesprochen wurde: es gibt keine Rezepte, in denen festgehalten wird, wie lange eine Besprechung dauern darf. Denn auch aus eigener Erfahrung kenne ich Besprechungen, die zunächst sehr unergiebig schienen. Letztlich brachten sie aber anfangs unwichtig erscheinende Aussagen und Gedanken in Bewegung, die zu einer viel besseren Problemlösung führten als das ursprünglich Erarbeitete. Diese Situation ist jedoch leider recht selten.

Einen weiteren Fehler, der häufig bei Besprechungen gemacht wird, kennen Sie sicher auch: es wird zuviel auf einmal auf das Programm gesetzt. In vielen Unternehmen wird sogar zu wenig Nützliches und Erfolgversprechendes bewegt – nicht weil zuwenig, sondern weil zuviel angepackt wurde. Die Kräfte wurden verzettelt; die ganze Energie verpuffte.

Vorsicht – nicht zuviel auf einmal beginnen!

In diesem Buch haben Sie schon sehr ausführlich über die Bedeutung von Zielen gelesen. Wenn solche Ziele sehr sorgfältig ausgewählt sind und von allen Führungskräften mitgetragen werden, so sind sie – so lange, bis neue, verbindliche Vereinbarungen getroffen werden – *das* Entscheidungskriterium für Besprechungen.

Zeiteinsparung

Gerade bei einem sehr dynamischen Unternehmer, der sich vielleicht sogar (hoffentlich!) mit guten Führungskräften umgeben hat, besteht nicht selten die Gefahr, daß aufgrund vorhandener Chancen zusätzliche Ziele zu den bereits vorhandenen angestrebt werden. Gerade in solchen Fällen ist es aber besonders wichtig, äußerste Disziplin zu üben. Mögen auch noch so verlockende neue Ideen vorhanden sein, diese Ideen müssen in die Reihenfolge der vereinbarten Ziele eingereiht werden können! Der Nutzen neuer, verlockender Ziele geht ja in der Regel nicht verloren, wenn wir ihre Realisierung an die bereits in die Wege geleiteten Aktivitäten zur Erreichung anderer Ziele anhängen.

Die vorhandenen Ziele sind der Maßstab dafür, was unternommen oder unterlassen wird.

Halb fertige Produkte oder Dienstleistungen, deren Entwicklungen abgebrochen werden und die in der Schublade verschwinden, kosten viel Geld. Sie kosten aber auch Energie der Führungskräfte, die sich für die betreffende Neuentwicklung sehr engagierten, die aber nicht den Erfolg eines fertigen Produktes oder einer fertigen Dienstleistung genießen können. In der Nachkriegsgeschichte gibt es nicht wenige Beispiele dafür, daß Unternehmen an einer Ideenvielfalt scheiterten; es wurden zu viele Probleme angepackt und zu wenige zum Abschluß gebracht.

Ich notiere, wie ich in Zukunft meine Besprechungen abhalten werde. Wie werde ich sie vorbereiten? Wer übernimmt bei welcher Besprechung die Gesprächsführung?

Empfehlung 37: Optimale Besprechungsvorbereitung

# Reklamationen als Chancen nutzen

Ein altes Sprichwort sagt: Wo gehobelt wird, fallen Späne. In keinem Unternehmen – sei es noch so gut geführt oder habe es noch so gute Mitarbeiter – wird ausgeschlossen werden können, daß es auch einmal Reklamationen gibt.

Wichtig ist der richtige Umgang mit Reklamationen.

Ob aus einer Reklamation ein Streit (möglicherweise sogar ein Rechtsstreit) wird und ein Kunde verlorengeht – oder ob eine Reklamation die Beziehung zu Kunden oder Lieferanten festigt, liegt in unserer Hand.

Jeder Kunde, auf den wir langfristig zählen, wird akzeptieren, daß auch in einem gut geführten Unternehmen Fehler auftreten können. Entscheidend ist nur, wie wir zu einem entstandenen Fehler stehen: Berufen wir uns auf unsere kleingedruckten Lieferbedingungen oder schaffen wir in einem Gespräch mit dem Kunden den Fehler aus der Welt?

Ein Kunde, der reklamiert hat, sollte für uns ein gesuchter Gesprächspartner sein.

Hier wird leider in vielen Firmen auch vom Außendienst viel zu häufig gesündigt: Um einen Kunden, der irgend etwas reklamierte, wird in Zukunft ein weiter Bogen gemacht, anstatt das Gespräch mit ihm zu suchen und gemeinsam eine faire Lösung zu finden.

Sie werden sich an dieser Stelle sicher fragen, warum für mich dieser Abschnitt »Reklamationen« zum Kapitel »Zeiteinsparung« gehört. Ganz einfach: Wieviel Zeit und Geld kostet es Sie, eine neue Kundenbeziehung aufzubauen? Und wie wenig Zeit (und Geld) im Vergleich dazu müssen Sie aufwenden, um Mängel und Probleme zu bereinigen, die in einer vorhandenen Kundenbeziehung entstanden sind?

Zeiteinsparung

Sie selbst wissen es: Wir leben heute in einem harten Verdrängungswettbewerb. Der Umsatz eines wegen einer Reklamation verlorenen Kunden ist nur durch große Anstrengungen wettzumachen. Allein dieser Aspekt sollte uns dazu bewegen, eine Reklamation im Sinne des Kunden zu bereinigen.

So wird jeder Kunde es mit seiner Treue honorieren, wenn wir ihm das Gefühl geben, daß er bei uns gut aufgehoben ist, daß wir auch Beanstandungen fair regeln.

*Von einem sehr erfolgreichen großen Unternehmen weiß ich, daß sich der Chef persönlich über jede Kundenreklamation informieren läßt. Diese Reklamationen werden mit einer Nummer erfaßt; ihre Bereinigung hat höchste Priorität für alle betroffenen Abteilungen bis hin zum Außendienst, der den Kontakt zum Kunden pflegt. Eine schleppende oder für den Kunden unbefriedigende Bearbeitung der Reklamation akzeptiert dieser Firmeninhaber auf keinen Fall.*

*Zuverlässigkeit beweisen durch korrekte Erledigung von Reklamationen.*

*Für mich ist es nicht verwunderlich, daß dieses Unternehmen hinsichtlich der Servicebereitschaft und auch hinsichtlich der Qualität seiner Produkte einen ausgezeichneten Ruf genießt. Hier ist das realisiert, was schon in anderem Zusammenhang dargelegt wurde: gerade Reklamationen geben Impulse für Verbesserungen von Produkten und Dienstleistungen.*

*Auch bei Reklamationen gemeinsam mit dem Kunden nach Lösungen suchen.*

Ein weiteres Beispiel:

*In meinem früheren Berufsalltag erlebte ich einmal eine gravierende Reklamation. Ein zugeliefertes Teil wies nicht die zugesicherten Eigenschaften auf, obwohl wir uns diese Eigenschaften vor der Lieferung noch einmal schriftlich bestätigen ließen. Dadurch entstanden extreme Folgeschäden bei einem Endprodukt unseres Kunden. Besonders gravierend war dabei, daß es sich hier nicht um Einzelgeräte, sondern um eine Großserie mit Lieferung an verschiedenste Endkunden handelte.*

*Zwei Möglichkeiten, auf diese Reklamation zu reagieren, hätten sich angeboten:*

- ☐ *Einen Staranwalt zu beauftragen und auf der Grundlage der Lieferbedingungen und der schriftlichen Zusicherung der Eigenschaften des defekten Zulieferteiles einen Prozeß anzustrengen.*
- ☐ *Sofort zusammen mit dem Kunden nach einer Lösung zu suchen.*

*Wir entschieden uns für die zweite Lösung. Das Ergebnis: Wir mußten zwar viel Federn lassen; der Kunde kauft aber noch heute Produkte jener Firma, bei der ich damals beschäftigt war. Es wäre für den Außendienst unmöglich gewesen, die bei Wegfall dieses Kunden entstehende Umsatzlücke durch andere Aufträge auszugleichen.*

*Der mögliche Umsatzeinbruch war zwar damals nicht entscheidend für das gewählte Vorgehen. Aber allein aus dieser Sicht wäre eine andere Vorgehensweise auszuschließen gewesen.*

Mein Fazit: Jede aufgetretene Belastung der Verbindung zu Kunden oder Lieferanten, die fair aus der Welt geschafft wird, festigt die Beziehung. Um einen verärgerten Kunden einen Bogen zu machen, ist einfach töricht.

Ich überlege, wie ich die Chancen, aus Reklamationen eine Festigung meines Verhältnisses zu unseren Kunden oder Lieferanten zu machen, ab sofort nutzen kann. Ist es für mich sinnvoll, grundsätzlich über Reklamationen und Beanstandungen unterrichtet zu werden? Wenn ja, wie kann ich das in meinem Unternehmen organisieren?

Empfehlung 38: Können wir Reklamationen zu Chancen für bessere Kundenkontakte machen?

## Die Stimmung bestimmt

Wie schon einmal in diesem Buch erwähnt, haben Wissenschaftler festgestellt, daß unsere Stimmung einen wesentlichen Einfluß auf die Funktion unseres Gehirns hat.

Erstaunlich ist, in welchem Umfang und mit welcher Wirkung das geschieht. Wir alle wissen, daß unsere Nebennieren in Streßsituationen das Hormon Adrenalin produzieren. Adrenalin mobilisiert den Stoffwechsel; es steigert den Grundumsatz, den Blutzuckerspiegel, die Durchblutung der Bewegungsmuskulatur und der Herzkranzgefäße sowie die Leistung des Herzens. Einen positiven Effekt hatte diese reflexartig automatisch ablaufende Hormonproduktion bei unseren Urahnen: Sie wurden dadurch in die Lage versetzt, ebenso reflexartig anzugreifen oder zu fliehen.

Oft sind wir uns nicht der Tatsache bewußt, in welchem Ausmaß Stimmungen unsere Leistungen beeinflussen.

Distreß – das ist negativ wirkender Streß – blockiert das Gehirn!

Und der heutige Mensch? Er kann in Streßsituationen weder die Keule schwingen, noch fliehen. Das Adrenalin wird trotzdem produziert – und da es nicht abgebaut werden kann, blockiert es das Gehirn! Dadurch wird die Leistungsfähigkeit unseres Gehirns in Streßsituationen auf ein Drittel (Frederic Vester erläutert in seinem bereits erwähnten Buch »Denken – Lernen – Vergessen« auch diese Zusammenhänge) reduziert. An uns ist es nun, diese Tatsache zu verwerten.

Welche Möglichkeiten gibt es dafür?

*Stimmungspflege*

Menschen sind keine Roboter. Wir unterliegen immer wieder Stimmungsschwankungen, die durch die verschiedensten Ursachen hervorgerufen werden. Aber wissen wir nicht genau, was uns positiv stimmt, in welchen Situationen und bei welchen Personen wir uns wohlfühlen? Kennen wir nicht zur Genüge die Situationen, in denen wir uns unterlegen fühlen und Personen, mit denen wir nicht harmonieren?

Können wir dies nicht verwerten? Ist es unmöglich, daß wir Situationen, in denen wir uns nicht wohlfühlen, von vornherein meiden – oder wenigstens auf ein Minimum reduzieren?

Empfehlung 39: Mit wem harmoniere ich? Wer belastet meine Stimmung?

Ich notiere die Personen, mit denen ich gut harmoniere und auch jene, die mich belasten. Ich schreibe ebenso auf, in welchen Situationen ich mich wohlfühle und wann ich das Gefühl habe, unterlegen zu sein.

*Liste der Erfolge*

Zeiteinsparung

Stimmungstiefs können überwunden werden, wenn man sich seiner Erfolge bewußt wird.

Auf eine Führungskraft kommen im Laufe eines Arbeitstages überwiegend solche Aufgaben zu, die durch Probleme, Schwierigkeiten und Gefahren verursacht werden. Führungskräfte müssen sich also ständig mit Dingen beschäftigen, die die Stimmung belasten; ein Stimmungstief, das sich auch nach Arbeitsabschluß auswirkt, ist häufig die Folge.

Verlieren wir in solchen Situationen nicht manchmal den Blick für die Erfolge, die wir und unsere Mitarbeiter erzielten, sowie den Blick für die Chancen, die sich auf dem Markt ergeben? Bitte schauen Sie sich in diesem Zusammenhang auch noch einmal die Arbeitsempfehlung 25 an.

*Betriebsklima*

Was ist wichtiger: eine gut funktionierende Maschine oder ein in guter Stimmung arbeitender Mensch?

Gustav Großmann schreibt sinngemäß in seinem Buch »Der Chef, nach dem sich die besten Kräfte reißen«: Nicht derjenige im Betrieb verursacht den größten Schaden, der mit einem Hammer mutwillig die EDV-Anlage zerstört, sondern derjenige, der ständig schlechte Stimmung verbreitet. Dies ist leicht einzusehen, wenn wir uns immer wieder vor Augen führen, welche Auswirkungen Stimmungsbelastungen auf uns haben. Insbesondere Kritikgespräche mit Mitarbeitern sind deshalb eine besondere Herausforderung für uns. Wir dürfen in solchen Gesprächen nicht nur kritisieren und irgendwelche Arbeitsweisen oder Verhaltensweisen beanstanden, sondern müssen im *gleichen Gespräch* auch die sicherlich vorhandenen guten Werte des Mitarbeiters ansprechen. Nur so gelingt es uns, nicht nur eine Verhaltensänderung zu erzielen, sondern zugleich auch zu motivieren.

Immer wieder hat man sich Gedanken gemacht über die richtigen Kriterien zur Beurteilung der Führungsqualitäten von leitenden Angestellten oder Unternehmern. Zwei Aspekte sind in einer Untersuchung – veröffentlicht in der Fachzeitschrift »Management-Wissen« – als besonders brauchbar herausgestellt worden:

- ☐ Die Anzahl der Krankheitstage in der Belegschaft im Vergleich zu den Durchschnittswerten innerhalb der betreffenden Branche.
- ☐ Die Beteiligung der Mitarbeiter am betrieblichen Vorschlagswesen oder an den Mangelberichten/Erfolgsberichten, die als Bestandteil des HelfRecht-Systems noch effizienter als das Vorschlagswesen sind.

Mitarbeiter, die in schlechter Stimmung arbeiten müssen, fehlen schon beim kleinsten Wehwehchen. Je wohler sich jedoch die Mitarbeiter in ihrem Unternehmen fühlen, desto seltener fehlen sie.

Je mehr sich ein Mitarbeiter mit seinem Aufgabengebiet identifiziert, je wohler er sich an seinem Arbeitsplatz fühlt, desto seltener wird er fehlen. Da genügt schon die vordergründige Betrachtungsweise: Ein Mitarbeiter, der sich am Wochenende bei einem Freizeitsport den Fuß vertritt, wird wohl eher die Zähne zusammenbeißen und die Schmerzen ertragen, wenn ihm seine Arbeit Spaß macht und er sich am Arbeitsplatz wohlfühlt. Hat er aber das Gefühl, ein anonymes Rädchen in einem großen Mechanismus zu sein, den er nicht überschauen kann und in dem er gar nicht den Wert seiner Aufgabe einschätzen kann, wird er seine Verletzung mit Sicherheit zu Hause auskurieren.

Gewiß möchte ich nicht dafür plädieren, daß Mitarbeiter in einem falsch verstandenen Ehrgeiz trotz einer gravierenden Krankheit weiterhin zur Arbeit gehen. Gerade auch hier muß der Vorgesetzte seiner Fürsorgepflicht genügen und den

Arbeitnehmer sogar notfalls nach Hause schicken. Aber es gibt doch mit Sicherheit eine »Grauzone«, in der es letztlich dem Mitarbeiter überlassen bleibt, ob er einen, zwei oder drei Tage zu Hause bleibt oder weiterhin seiner Arbeit nachgeht.

Zeiteinsparung

Wie wichtig unsere Stimmung für unsere Gesundheit ist, haben die Mediziner schon lange erkannt. Es gibt eine Abhängigkeit zwischen guter Stimmung und guter Gesundheit, wie auch zwischen Mißstimmung und Krankheit. Selbst schwerwiegende Erkrankungen können nicht selten auf eine ständige Belastung der Stimmung zurückgeführt werden. Die beiden folgenden *Abbildungen* stellen diesen Zusammenhang deutlich dar.

Stimmungsbelastungen im Unternehmen erhöhen deutlich die Krankheits- und Abwesenheitsquote.

Haben Sie sich einmal überlegt, wieviel Krankheitstage entfallen würden, wenn Stimmungsbelastungen abgebaut werden könnten?

In guter Stimmung, das sagen uns die Gehirnforscher, fließen außerdem die Gedanken besser, und wir sind kreativer. Also wirkt sich gute Stimmung auch auf den Ideenreichtum aller Mitarbeiter aus. Mobilisieren Sie deshalb als Führungskraft die in Ihren Mitarbeitern vorhandenen Energien; nutzen Sie die Ideenvielfalt und die verwertbaren Vorschläge, um Ihr Leistungsangebot kontinuierlich zu verbessern!

*Abbildung 23: Der negative Stimmungs-Regelkreis: Mißstimmung bedingt Mißerfolge; Mißerfolge führen zur Mißstimmung ... (Krankheitsbild).*

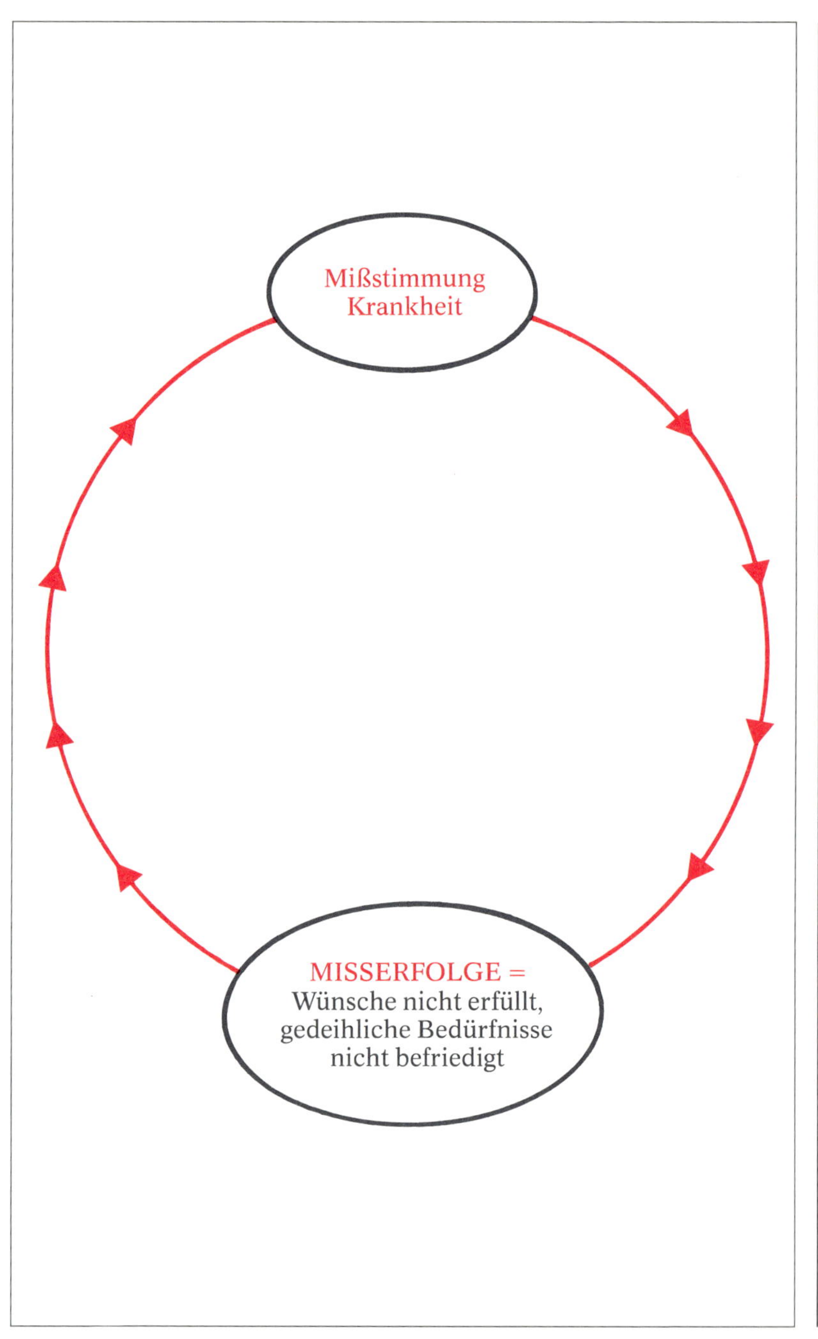

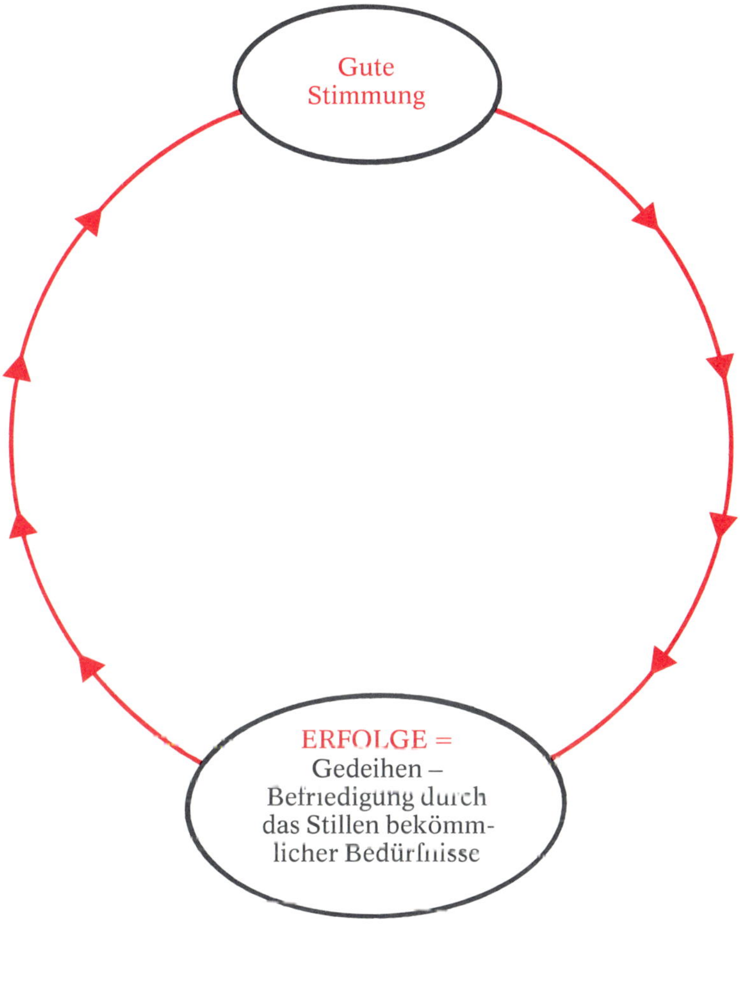

Gute Stimmung

ERFOLGE =
Gedeihen –
Befriedigung durch
das Stillen bekömm-
licher Bedürfnisse

*Abbildung 24: Der positive Stimmungs-Regelkreis: gute Stimmung bedingt Erfolge; Erfolge führen zu guter Stimmung ... (Gesundheitsbild).*

Empfehlung 40: Welches Betriebsklima gibt es bei uns?

Welches Betriebsklima herrscht in meinem Unternehmen? Wie hoch sind im Vergleich zu anderen Betrieben die Fehlzeiten? Gibt es Personen in meinem Unternehmen, die die Stimmung besonders positiv oder besonders negativ beeinflussen? Wie kann ich das verwerten?

## Aus den Erfahrungen anderer lernen

*Erfahrungen aus anderen Branchen auf den eigenen Betrieb übertragen.*

*An meinem früheren Chef bewunderte ich insbesondere die Fähigkeit, Erkenntnisse anderer auf seine Aufgaben zu übertragen. Für ihn war kaum ein Messestand auf einer großen Industriemesse uninteressant. Er sah weniger die ausgestellten Produkte als vielmehr die Fertigungsverfahren, die hinter diesem Produkt steckten; ihn interessierte das Know-how, das notwendig war, um solch einen Artikel herzustellen, und er fragte, welche Materialien in welcher Kombination mit anderen Werkstoffen verwendet wurden. Solche und ähnliche Fragen bewegten ihn ständig. Die Folge: Aus derartigen Besuchen entstanden nicht selten Ideen für neue Produkte oder Fertigungsverfahren in unserem Unternehmen!*

Der beste Lehrmeister ist die Praxis, das wissen wir alle. Dies betrifft die eigene, wie auch andere Branchen. Nutzen wir eigentlich die Erkenntnisse aus der Produktentwicklung oder aus Fertigungsverfahren, aber auch aus dem kaufmännischen Bereich – etwa über Vertriebswege, Konditionen für unterschiedliche Kundenkreise, Liefer- und Zahlungsbedingungen –, indem wir

Erfahrungen anderer Branchen auf unsere eigene Situation übertragen?

Denken wir doch auch im Zusammenhang mit der sinnvollen Verwendung der Zeit einmal darüber nach, was wir aus den Erfahrungen anderer lernen können. Manchmal müssen wir gar nicht zu anderen gehen, sondern uns nur selbst beobachten, wie wir in einzelnen Lebensbereichen sehr konsequent arbeiten, in anderen Bereichen dafür aber um so nachlässiger sind.

Zwei Beispiele hierzu:

*Analyse, Ziel- und Vorgehensplanung – in vielen Berufen selbstverständlich.*

*Für alle Personen, die in planerischen Berufen arbeiten – etwa Architekten, Planungs- und Entwicklungsingenieure, Hoch- oder Tiefbauingenieure – ist es selbstverständlich, keine berufliche Arbeit ohne eine genaue Analyse der Ausgangslage zu beginnen und anschließend die Zielvorstellungen schriftlich zu Papier zu bringen. Was immer auch geplant wird – seien es ein Haus, eine Brücke, ein Flugzeug oder ein neues Getriebe – nichts ist doch so komplex wie unser Leben! Wer macht sich aber schon schriftlich Gedanken darüber, wo man gerade steht, welche Chancen und Risiken es in der jeweiligen Situation gibt, um daraus die richtigen Ziele abzuleiten?*

*Ein Architekt nannte mir einmal seine Erkenntnisse aus den Planungstagen: »Ich habe große Zeitprobleme und den Eindruck, daß mir die Zeit zwischen den Fingern zerrinnt. Mir wurde in diesen Tagen bewußt, daß dies allein an meiner Arbeitsweise liegt, da ich meine eigene Zeit überhaupt nicht plane. Ich halte zwar exakt fest, wer wann welche Arbeiten an verschiedenen Baustellen abgeschlossen haben muß und kann mit Hilfe von Balkendiagrammen jedem Kunden sofort über den Stand der Bauarbeiten Auskunft geben. Aber meine eigene Zeit plane ich nicht so! Nun ist mir klar, weshalb ich Zeitprobleme habe. Ab sofort werde ich mit meiner Zeit genauso umgehen wie mit der Zeitplanung für andere.«*

Empfehlung 41: Können andere Branchen oder Firmen Beispiele für uns sein?

Die verschiedensten Branchen sind für jeden eine Fundgrube an neuen Ideen für den eigenen Bereich. Gibt es ungelöste Aufgaben in meinem Unternehmen, zum Beispiel in der Produktentwicklung, im Marketing oder in der Preispolitik? Ich notiere diese offenen Aufgaben und beobachte bei Besuchen unserer Kunden, Lieferanten oder auch auf Messen, wie andere Branchen diese Aufgaben lösen. Ich überlege, was ich davon auf mein Unternehmen übertragen kann.

# 5 Die Vorteile eines bewährten Zeitplanbuches

# Das »Büro im Westentaschenformat«

In diesem Kapitel empfehle ich Ihnen, wie Sie die im 4. Kapitel gemachten Vorschläge für die Zeiteinsparung und das Zeitmanagement mit einem bewährten Zeitplanbuch realisieren können.

Wenn Sie mit einem Terminkalender arbeiten, so sehen Sie bitte die Ausführungen als Anregungen, die Sie auf Ihre Bedürfnisse übertragen sollten.

Erinnern Sie sich daran, was Sie über die drei Bewußtseinsebenen gelesen haben, in denen unser Wissen gespeichert ist?

Wenn wir nicht ständig bereit sind, Ideen und Gedankenblitze zu notieren, gehen die für uns wichtigen Informationen unweigerlich verloren.

Gerade aber die wichtigen Informationen, die im Unterbewußtsein und Unbewußtsein vorhanden sind, stehen leider nicht auf »Knopfdruck« wie bei einem Computer zur Verfügung, sondern werden uns zu beliebigen Zeiten bewußt. Dies gilt nach Untersuchungen von Wissenschaftlern für 80 Prozent aller Ideen, die wir gerade dann haben, wenn wir nicht an der betreffenden Aufgabe arbeiten. Mit anderen Worten: vier Fünftel aller nützlichen Ideen werden uns in einer unpassenden Zeit bewußt. Wir wissen aber auch, wie schnell dann solch ein Gedanke wieder verschwunden ist. Die Forderung lautet also zwangsläufig: Wir müssen *immer* bereit sein, diese Gedankenblitze schriftlich festzuhalten.

Dies ist aber nur möglich, wenn es ein entsprechendes Arbeitsmittel gibt, das handlich ist und das man ohne weiteres ständig bei sich tragen kann. Das HelfRecht-Zeitplanbuch, das nur etwa Postkartengröße *(Abbildung 25)* hat, entspricht dieser Anforderung.

*Abbildung 25: Das HelfRecht-Zeitplanbuch – ein »Büro im Westentaschenformat«.*

Zu einem »Büro im Westentaschenformat« wird ein Zeitplanbuch jedoch erst dann, wenn in ihm wichtige Informationen und Aufzeichnungen enthalten sind. Da sich unsere Umwelt ständig wandelt, muß ein gutes Zeitplanbuch als Informa-

Variabilität ist Trumpf gerade bei einem guten Zeitplanbuch.

tionsquelle auch entsprechend variabel sein. Daher sollte ein Zeitplanbuch mit einer stabilen Ringmechanik ausgerüstet sein, so daß nach Belieben Informationen gesammelt und nach Bedarf den einzelnen Tagesplänen zugeordnet werden können. Je nach Umfang der in diesem Ringbuch zu speichernden Informationen werden zudem Ringmechaniken mit unterschiedlichen Durchmessern angeboten.

Um die Vorzüge des handlichen Zeitplanbuches voll nutzen zu können, sollten Sie es nicht mit Informationen, Ideen, Daten überfrachten. Ordnen Sie Ideenzettel den jeweiligen Projekten zu, für die Sie separate Pläne angelegt haben. Damit entlasten Sie Ihr Zeitplanbuch; es wird nicht zu stark aufgebläht.

Nützlich ist es, sich eine Daten- und Ideenbank anzulegen, die Sie nach Stichworten aufbauen.

# Die Vorzüge des HelfRecht-Zeitplanbuches

Seit Jahrzehnten bewährt: das HelfRecht-Zeitplanbuch.

Jahrzehntelange Erfahrungen sind in die Konzeption des HelfRecht-Zeitplanbuches eingeflossen:

- ☐ Bewußt einfacher Aufbau, alles Überflüssige wurde weggelassen.
- ☐ Großer individueller Gestaltungsspielraum, wenig Vorgaben, die Sie in Ihrem individuellen Arbeitsstil einengen könnten.
- ☐ Klare Gliederung durch Leitkarten und Farbsymbole.
- ☐ Kein Zeitverlust bei der Suche nach Notizen, Ideen und Informationen, da die Anzahl der Formblätter auf das Wichtige reduziert ist.

Außer den auch bei jedem guten Terminkalender vorgesehenen Formularen – wie zum Beispiel Personalienblatt; Jahresübersichtskalender mit Angaben über die Wochentage, die Wochenzahlen, die Monate, die Mondbilder und Feiertage; Übersicht über die Ferientermine – finden Sie im HelfRecht-Zeitplanbuch einige besondere Formblätter, die Ihnen das Umsetzen der Praxisbeispiele aus dem 4. Kapitel erleichtern. Diese Formulare werden im folgenden beschrieben und als Muster abgebildet. Sie können Ihnen als Anregung dienen, in Ihrem Terminkalender ähnliche Aufzeichnungen zu machen.

Je weniger unterschiedliche Formblätter ein Zeitplanbuch besitzt, desto einfacher ist es zu handhaben.

Vier wesentliche Funktionen hat das HelfRecht-Zeitplanbuch:

- ☐ Ziele auf Monate verteilen mit den Formblättern »*Monatsplan-Vormerkungen*«.

- ☐ Die Zeitplanung mit den persönlichen und unternehmerischen Zielen verknüpfen mit den Formblättern »*Zielplan für den Monat*« und »*Management-Zielplan für den Monat/Unternehmensbereich*«.
- ☐ Den erfolgreichen Verlauf eines Tages planen mit dem »*Tagesplan*«.
- ☐ Wichtige Informationen immer zur Hand haben mit dem Register »*Adressen/Daten/Ideen*«.

Farbsymbole und Leitkarten schaffen Ordnung und Übersicht.

Den Zugriff zu diesen vier Funktionen erleichtern Registerleitkarten mit verschiedenen Farbsymbolen. Auf den Leitkarten, die etwas höher sind als die Formblätter, gibt es zudem Kurzanleitungen zur Nutzung der entsprechenden Teile des Zeitplanbuchs; die Farben der Leitkarten wiederholen sich auf den einzelnen Formblättern.

## Monatsplan-Vormerkungen: längerfristig die Zeit planen

Wenn die zu vereinbarenden Termine über die Zeit hinausreichen, für die Sie schon Tagespläne in Ihrem Zeitplanbuch eingelegt haben, machen Sie die entsprechenden Notizen in den Monatsplan-Vormerkungen.

Für jeden Monat stehen hierfür zwei Seiten zur Verfügung. Auf der linken Seite mit vorgedrucktem Kalendarium können Sie Zeiten Ihrer

Abwesenheit eintragen oder zum Beispiel auch Messetermine notieren, Geburtstage festhalten und Abwesenheitszeiten Ihrer wichtigsten Mitarbeiter vermerken *(Abbildung 26)*.

Zeitplanbuch

Mit den Monatsplan-Vormerkungen können Termine für ein Jahr im voraus geplant werden. Diese Vormerkungen sind schon ab Juni des laufenden Jahres für das Folgejahr erhältlich.

Die rechte Seite der Monatsplan-Vormerkungen nutzen Sie für individuelle Eintragungen. Hier sind Sie nicht auf eine Zeile pro Tag begrenzt und können zum Beispiel für eine Besprechung auch mehrere Zeilen belegen. Reicht der Raum auf diesen beiden gegenüberliegenden Seiten für Ihre Notizen zu vereinbarten Terminen im betreffenden Monat nicht aus, so können Sie zusätzlich beliebig viele Notizblätter einlegen. Damit können Sie Ihr Zeitplanbuch unbegrenzt erweitern.

Etwa am 20. Tag eines Monats – den genauen Termin bestimmen Sie jeden Monat nach Ihren eigenen Bedürfnissen selbst – legen Sie die Tagesplanblätter für den folgenden Monat in Ihr Zeitplanbuch. Sie können zugleich die Blätter für die abgelaufenen Tage des laufenden Monats herausnehmen; dadurch wächst das Volumen Ihres Zeitplanbuches nicht zu stark an. Auf die neu eingelegten Tagesplanblätter übertragen Sie nun, was Sie in Ihren Monatsplan-Vormerkungen notiert hatten.

Das ist die einzige Übertragungsarbeit, die Sie vornehmen müssen, wenn Sie dieses Zeitplanbuch führen. Das HelfRecht-Zeitplanbuch ist so konzipiert, daß Sie möglichst wenig übertragen müssen – denn Übertragungen von Terminen und Notizen kosten zwangsläufig Zeit und verursachen Fehler.

Was in den Monatsplan-Vormerkungen steht, wird einmal monatlich in die Tagespläne übertragen.

Bei diesem Zeitplanbuch müssen deshalb auch Informationen nicht an verschiedenen

Stellen mühsam gesucht werden. Terminvormerkungen können immer nur an einer Stelle stehen: entweder auf dem Formblatt für die Monatsplan-Vormerkungen (also längerfristige Termine) oder auf einem Tagesplan, falls die entsprechenden Blätter bereits im Zeitplanbuch einsortiert wurden.

*Abbildung 26: Monatsplan-Vormerkungen für die längerfristige Terminplanung.*

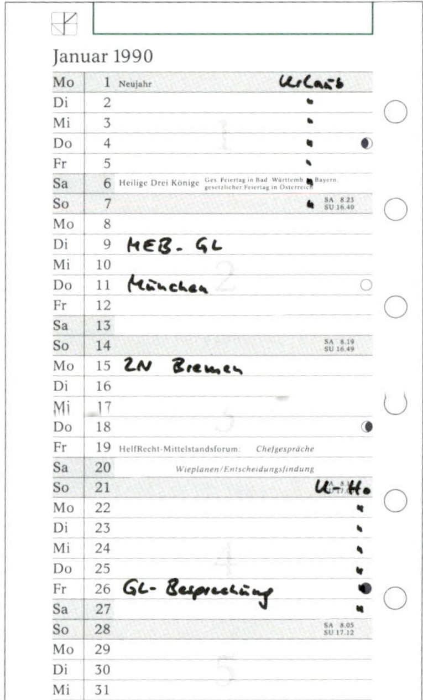

Januar 1990

| | | |
|---|---|---|
| Mo | 1 | Neujahr — Urlaub |
| Di | 2 | |
| Mi | 3 | |
| Do | 4 | |
| Fr | 5 | |
| Sa | 6 | Heilige Drei Könige — Ges. Feiertag in Bad.-Württemb. u. Bayern, gesetzlicher Feiertag in Österreich |
| So | 7 | SA 8.23 SU 16.40 |
| Mo | 8 | |
| Di | 9 | HEB-GL |
| Mi | 10 | |
| Do | 11 | München |
| Fr | 12 | |
| Sa | 13 | |
| So | 14 | SA 8.19 SU 16.49 |
| Mo | 15 | 2N Bremen |
| Di | 16 | |
| Mi | 17 | |
| Do | 18 | |
| Fr | 19 | HelfRecht-Mittelstandsforum: Chefgespräche |
| Sa | 20 | Wieplanen/Entscheidungsfindung |
| So | 21 | U-Ho |
| Mo | 22 | |
| Di | 23 | |
| Mi | 24 | |
| Do | 25 | |
| Fr | 26 | GL-Besprechung |
| Sa | 27 | |
| So | 28 | SA 8.05 SU 17.12 |
| Mo | 29 | |
| Di | 30 | |
| Mi | 31 | |

Monatsplan-Vormerkungen
Januar 1990

Urlaub 27.12. - 7.01.
im Schwarzwald
HEB-GL (14⁰⁰) 9.
- Markteinführung Typ 101
Clubabend Segelflug-Schule (18³⁰) 13.
Verhandlung J. Wagner M 11.
Auto zur Inspektion (7³⁰) 10.
2N - Bremen 15.
- neuer AD-Mitarbeiter ?
- hohe Inventurbestände ?
- Schälter besprechen
GL - Besprechung (9⁰⁰) 26.
- Resümee 89
- Investitionsplan 90
Termin Zahnarzt (10³⁰) 23.
Grundstücksbesichtigung (15⁰⁰) 19.
mit Josef Reiners

JANUAR FEBRUAR MÄRZ APRIL MAI JUNI JULI AUGUST SEPTEMBER OKTOBER NOVEMBER DEZEMBER

Nun noch einmal zurück zum Übertragen der Informationen aus den Monatsplan-Vormerkungen auf die Tagespläne: Sind alle Daten übertragen, so hat das betreffende Blatt für die Monatsplan-Vormerkungen eigentlich seine Pflicht erfüllt. Lassen Sie es aber bitte trotzdem in Ihrem Zeitplanbuch, denn es kann als Register für die Monate des nachfolgenden Jahres dienen.

Wenn ich mir zum Beispiel im Mai eines Jahres für den Februar des folgenden Jahres den Besuch einer für mich wichtigen Messe notieren will, so verfüge ich in der Regel noch nicht über die Monatsplan-Vormerkungen des Folgejahres. Statt dessen schreibe ich den geplanten Messebesuch auf ein weißes Notizblatt, das ich in das Register der Monatsplan-Vormerkungen beim Monat Februar einlege.

Die Daten, die aus den Monatsplan-Vormerkungen bereits in die Tagespläne übertragen wurden, sollten entsprechend gekennzeichnet werden.

Wichtig ist, daß alle Daten, die in der Vormerkplanung notiert sind, tatsächlich auf die Tagespläne übertragen werden. Als zweckmäßig hat sich deshalb bewährt, daß die übertragenen Daten markiert werden, entweder mit besonderen Symbolen, durch Abhaken oder Abstreichen. So kann keine Übertragung übersehen werden, auch wenn man bei dieser monatlich einmaligen Arbeit durch einen Anruf, einen Besuch oder wie auch immer gestört wird.

## Zielplan für den Monat: die Situation im Griff behalten

In diesem Buch ist häufiger sehr eindringlich darauf hingewiesen worden, daß eine sinnvolle Zeitplanung erst dann möglich ist, wenn Ziele formuliert sind.

Die zwölf Empfehlungen aus dem »Zielplan für den Monat« *(Abbildung 27)* erinnern uns daran, was wir bei einer Zeitplanung stets beachten müssen: Sie weisen darauf hin, welche wichtigen Aufgaben wir nicht aus dem Auge verlieren dürfen und welche Aufgaben für ein erfolgreiches Leben von besonderer Bedeutung sind.

Diese Hinweise und Fragen regen uns an, darüber nachzudenken, ob und wann im laufenden Monat welche Aufgaben bearbeitet werden sollten, um die für uns relevanten Faktoren unseres Lebens im Griff zu behalten.

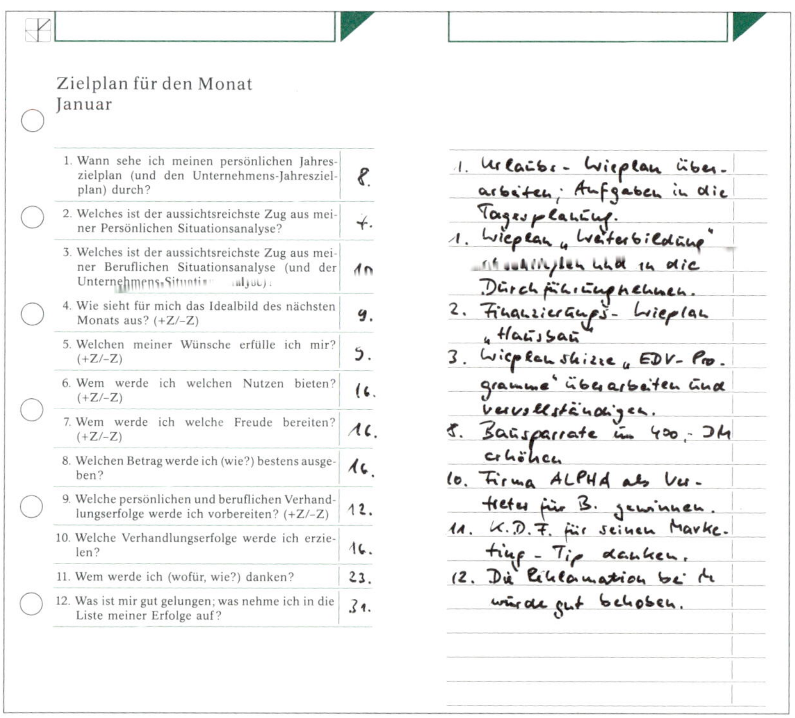

Zielplan für den Monat
Januar

|  | |
|---|---|
| 1. Wann sehe ich meinen persönlichen Jahreszielplan (und den Unternehmens-Jahreszielplan) durch? | 8. |
| 2. Welches ist der aussichtsreichste Zug aus meiner Persönlichen Situationsanalyse? | 4. |
| 3. Welches ist der aussichtsreichste Zug aus meiner Beruflichen Situationsanalyse (und der Unternehmens-Situati[illegible])? | 10 |
| 4. Wie sieht für mich das Idealbild des nächsten Monats aus? (+Z/–Z) | 9. |
| 5. Welchen meiner Wünsche erfülle ich mir? (+Z/–Z) | 5. |
| 6. Wem werde ich welchen Nutzen bieten? (+Z/–Z) | 16. |
| 7. Wem werde ich welche Freude bereiten? (+Z/–Z) | 16. |
| 8. Welchen Betrag werde ich (wie?) bestens ausgeben? | 16. |
| 9. Welche persönlichen und beruflichen Verhandlungserfolge werde ich vorbereiten? (+Z/–Z) | 12. |
| 10. Welche Verhandlungserfolge werde ich erzielen? | 16. |
| 11. Wem werde ich (wofür, wie?) danken? | 23. |
| 12. Was ist mir gut gelungen; was nehme ich in die Liste meiner Erfolge auf? | 31. |

1. Urlaubs-Wiegplan überarbeiten; Aufgaben in die Tagesplanung.
1. Wieplan „Weiterbildung" [illegible] und in die Durchführung nehmen.
2. Finanzierungs-Wieplan „Hausbau"
3. Wieplanskizze „EDV-Programme" überarbeiten und vervollständigen.
8. Bausparrate um 400,- DM erhöhen
10. Firma ALPHA als Vertreter für B. gewinnen.
11. K.D.F. für seinen Marketing-Tip danken.
12. Die Reklamation bei M. wurde gut behoben.

*Abbildung 27: Zielplan für den Monat: wichtige Anregungen für die Gestaltung des Monats.*

Die folgenden Erläuterungen zu den verschiedenen Punkten des »Zielplans für den Monat« zeigen Ihnen, welche Bedeutung diese Hinweise und Fragen haben.

*1. Wann sehe ich meinen persönlichen Jahreszielplan (und den Unternehmens-Jahreszielplan) durch?*

*2. Welches ist der aussichtsreichste Zug aus meiner Persönlichen Situationsanalyse?*

*3. Welches ist der aussichtsreichste Zug aus meiner Beruflichen Situationsanalyse (und der Unternehmens-Situationsanalyse)?*

Jeder Monat ist ein Schritt auf dem Weg zum Lebensziel.

Jeden Monat aufs neue werden wir also angeregt, uns Gedanken über wesentliche Elemente unseres Lebenserfolges zu machen: Wie weit sind die formulierten Jahresziele im beruflichen und privaten Bereich schon realisiert? Welche Aufgaben für den bevorstehenden Monat sollten in die Planung übernommen werden? Welche Situationen im persönlichen Umfeld haben sich positiv oder negativ verändert? Welche Aufgaben ergeben sich möglicherweise daraus? Welche Chancen oder Risiken bietet zur Zeit der berufliche Bereich? Gibt es besonders gravierende Probleme, die – wie wir erfahren haben – unsere großen Erfolgschancen sind? Wie und wann werden diese Herausforderungen angegangen?

*4. Wie sieht für mich das Idealbild des nächsten Monats aus? (+Z/–Z)*

Auch der kommende Monat sollte schon in die Planung einbezogen werden.

Jede Zeitplanung sollte auch schon gedanklich auf den nächsten Monat vorbereiten – also zeitlich übergreifend sein. Daher wird auch die Frage nach dem Idealbild des Folgemonats gestellt. Fragen wir uns also, was uns dieser Monat im Idealfall bringen sollte.

*5. Welchen meiner Wünsche erfülle ich mir? (+Z/−Z)*

Wir wissen, daß unsere Wünsche die entscheidenden Energiequellen sind. Daher die Frage: Welche Wünsche sind tatsächlich für mich wichtig? Was bedeutet mir die Erfüllung der Wünsche?

*6. Wem werde ich welchen Nutzen bieten? (+Z/−Z)*

Wie können wir noch mehr Nutzen als bisher bieten?

Es gibt keinen Erfolg, wenn wir nicht Nutzen bieten. Eine Daueraufgabe ist es deshalb, über die Möglichkeiten nachzudenken, noch mehr Nutzen als bisher zu bieten. Derjenige wird sich am Markt durchsetzen, der interessanter für den Kunden ist, der mit seinen Produkten und/oder Dienstleistungen mehr Bedürfnisse befriedigt. Hierauf die richtigen Antworten zu finden, ist eine ständige Herausforderung an Führungskräfte. (Siehe hierzu auch die Ausführungen im 2. Kapitel).

*7. Wem werde ich welche Freude bereiten? (+Z/−Z)*

Wie können wir im beruflichen und im privaten Bereich Freude bereiten? Denken wir immer wieder darüber nach, daß gerade der private Bereich die Kraftquelle für die beruflichen Herausforderungen ist? Tragen wir diesem Wissen durch entsprechende Anerkennung gegenüber dem privaten Partner angemessen Rechnung?

*8. Welchen Betrag werde ich (wie?) bestens ausgeben?*

Lebenskunst besteht nicht darin, Geld zu sparen, sondern Geld richtig auszugeben, um die

Ziele und Wünsche zu realisieren, die für unseren Lebenserfolg von Bedeutung sind. Welche Ausgabe ist unter diesem Aspekt im laufenden Monat sinnvoll?

9. *Welche persönlichen und beruflichen Verhandlungserfolge werde ich vorbereiten? (+Z/–Z)*

10. *Welche Verhandlungserfolge werde ich erzielen?*

Unser Lebenserfolg kann zudem ganz wesentlich beeinflußt werden, wenn wir anstehende Verhandlungen gut vorbereiten. Wo steht der Verhandlungspartner, welche Probleme oder welche Wünsche hat er, was strebt er als Verhandlungsergebnis an, was möchte ich als Maximum erreichen, wo sind die Grenzen meines Verhandlungsspielraumes?

Sich vor einer Verhandlung die Bedürfnisse des Gesprächspartners bewußt zu machen, ist ein wichtiger Erfolgsbaustein.

All diese Fragen rechtzeitig abzuklären, spart viel Zeit. Die Besprechung läuft zügiger und wird in der Regel ein für alle Seiten befriedigendes Ergebnis haben. Einen zweiten oder dritten Termin anzusetzen, weil verschiedene Faktoren für die Beurteilung nicht zur Verfügung standen, kostet dagegen viel Zeit. Jede gute Verhandlungs-Vorbereitung spart also Zeit.

11. *Wem werde ich (wofür, wie?) danken?*

Wie wichtig eine gute Partnerpflege ist, wurde bereits deutlich angesprochen. Wer hat am Gelingen meiner Pläne mitgewirkt? Vom wem habe ich eine wertvolle Unterstützung oder einen nützlichen Tip erhalten? Pflegen und erhalten wir uns unsere Bekanntschaften und Freundschaften,

Ein kleiner Dank kann Großes bewirken.

indem wir uns einmal monatlich Zeit dafür nehmen, über diese Erfolgsfaktoren nachzudenken und dann auch entsprechend zu handeln?

*12. Was ist mir gut gelungen, was nehme ich in die Liste meiner Erfolge auf?*

Schließlich werden wir jeden Monat gefragt, was gut gelungen ist.

Warum? In diesem Buch wurde schon mehrfach dargestellt, was bewirkt wird, wenn wir uns unsere Erfolge bewußt machen: unser Selbstbewußtsein wird gestärkt.

Gerade bei Stimmungstiefs ist es wichtig, wenn man in eine Liste der Erfolge schauen kann.

Erfolge bedeuten in der Regel, gute Stimmung zu haben. Auch dieser Aspekt ist gerade für Führungskräfte wichtig. Mit einer Liste der Erfolge gelingt es schneller, aus Stimmungstiefs – verursacht durch aufgetretene Probleme und Schwierigkeiten – herauszukommen. So ist die Erfolgsliste eine ganz wesentliche Stütze guter Stimmung.

Die zweite Hälfte des Formblattes »Zielplan für den Monat« können Sie, wie Sie auch in *Abbildung 27* sehen, dafür nutzen, um unmittelbar auf dem Formblatt bereits Notizen zu den sich für Sie ergebenden Aufgaben zu machen.

Zum Erfolg jeder Führungskraft gehört es sicherlich, auch die persönlichen Finanzen gut im Griff zu haben. Die Rückseite des Formulars »Zielplan für den Monat« kann deshalb als »Monatsfinanzplan« *(Abbildung 28)* genutzt werden. In einer einfachen Übersicht kann man sich hiermit einen Überblick über die einzelnen Ausgaben eines Monats verschaffen.

| | Einnahmen | Ausgaben | Schriftst. | Haush. | Kleid. | Wohnen | Auto | Bildung | Verg. Url. | Sonst. | |
|---|---|---|---|---|---|---|---|---|---|---|---|
| Budget | 3.100,- | 2.700,- | 500,- | 850,- | 400,- | 650,- | 200,- | 150,- | 150,- | 300,- | Budget |
| 1 | 2.700,- | 155,- | | 135,- | | | | 20,- | | | 1 |
| 2 | | 614,- | | | | 580,- | | 23,- | 11,- | | 2 |
| 3 | | 95,- | | | | | 69,- | | | 26,- | 3 |
| 4 | | 235,- | | 77,- | 145,- | | | | 13,- | | 4 |
| 5 | 45,- | 58,- | 45,- | 58,- | | | | | | | 5 |
| 6 | | | | | | | | | | | 6 |
| 7 | | 231,- | | 185,- | | | | 37,- | 9,- | | 7 |
| 8 | 75,- | 93,- | 75,- | | 35,- | 30,- | | | | 28,- | 8 |
| 9 | | | | | | | | | | | 9 |
| 10 | | 73,- | | | | | 52,- | | 12,- | 9,- | 10 |
| | 2.820,- | 1.554,- | 120,- | 455,- | 180,- | 610,- | 121,- | 80,- | 45,- | 63,- | |
| 11 | | 55,- | | 55,- | | | | | | | 11 |
| 12 | | 53,- | | | | 40,- | | | | 13,- | 12 |
| 13 | | 83,- | | 62,- | | | | | 21,- | | 13 |
| 14 | 109,- | 124,- | 109,- | | 124,- | | | | | | 14 |
| 15 | | 55,- | | | | | 55,- | | | | 15 |
| 16 | | 48,- | | 43,- | | | | | | 5,- | 16 |
| 17 | | | | | | | | | | | 17 |
| 18 | | 120,- | | 90,- | | | | 30,- | | | 18 |
| 19 | | 79,- | | | | | | | 9,- | 70,- | 19 |
| 20 | 81,- | 61,- | 81,- | | 61,- | | | | | | 20 |
| | 3.010,- | 2.232,- | 310,- | 705,- | 365,- | 650,- | 176,- | 110,- | 75,- | 151,- | |
| 21 | | 54,- | | 50,- | | | | 4,- | | | 21 |
| 22 | 147,- | | 147,- | | | | | | | | 22 |
| 23 | | 25,- | | | | | 9,- | | 16,- | | 23 |
| 24 | | 127,- | | 98,- | | | | | | 29,- | 24 |
| 25 | | 29,- | | | | | | | 29,- | | 25 |
| 26 | | | | | | | | | | | 26 |
| 27 | 83,- | 50,- | 83,- | | 50,- | | | | | | 27 |
| 28 | | 88,- | | 67,- | | | 21,- | | | | 28 |
| 29 | | 16,- | | | | | | 16,- | | | 29 |
| 30 | | | | | | | | | | | 30 |
| 31 | | | | | | | | | | | 31 |
| | 3.240,- | 2.621,- | 540,- | 920,- | 415,- | 650,- | 206,- | 130,- | 120,- | 180,- | |



*Abbildung 28: Zum Erfolg gehört auch eine gute Finanzplanung.*

# Management-Zielplan für den Monat/Unternehmensbereich: unternehmerische Aktivitäten steuern

Mit dem Management-Zielplan für den Monat werden selbst komplexe unternehmerische Aktivitäten überschaubar gemacht.

Dieses Formblatt versetzt die Anwender des HelfRecht-Management-Systems in die Lage, die wichtigen unternehmerischen Aktivitäten im Blick zu haben, unter Kontrolle zu halten und gezielt dort einzugreifen, wo es notwendig ist.

Die Führungskraft wird monatlich anhand der zehn Punkte des Formblattes über die wesentlichen geschäftlichen Ereignisse informiert. Wandeln Sie diese zehn Fragen eventuell auf Ihr eigenes Unternehmen ab, falls die Formulierung des Formblattes nicht genau Ihrer beruflichen und/ oder unternehmerischen Situation entspricht.

Entnehmen Sie Anregungen dem abgebildeten Blanko-Formblatt und dem folgenden Beispiel.

*Der Management-Zielplan für den Monat/Unternehmensbereich dient als Checkliste zur Formulierung eines ausführlichen Berichts.*

*Zielplan für den Monat April*

*Unternehmensbereich: Abteilung Logistik/Forschung und Entwicklung*

1. *Habe ich die Monatsziele meines Unternehmensbereichs erreicht/nicht erreicht (Gründe)/überschritten (Gründe)?*

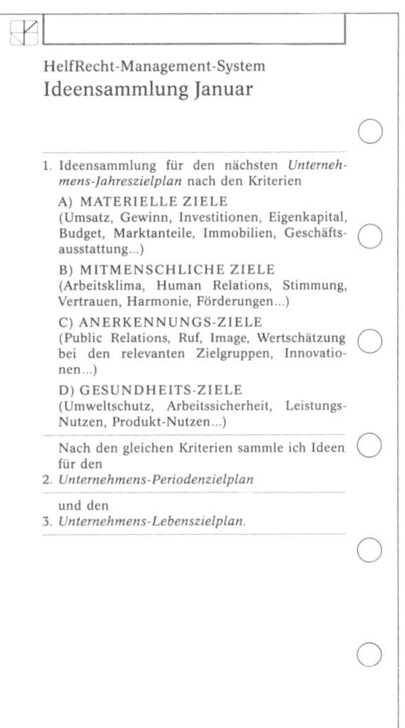

HelfRecht-Management-System

Ideensammlung Januar

1. Ideensammlung für den nächsten *Unternehmens-Jahreszielplan* nach den Kriterien

A) MATERIELLE ZIELE
(Umsatz, Gewinn, Investitionen, Eigenkapital, Budget, Marktanteile, Immobilien, Geschäftsausstattung...)

B) MITMENSCHLICHE ZIELE
(Arbeitsklima, Human Relations, Stimmung, Vertrauen, Harmonie, Förderungen...)

C) ANERKENNUNGS-ZIELE
(Public Relations, Ruf, Image, Wertschätzung bei den relevanten Zielgruppen, Innovationen...)

D) GESUNDHEITS-ZIELE
(Umweltschutz, Arbeitssicherheit, Leistungs-Nutzen, Produkt-Nutzen...)

Nach den gleichen Kriterien sammle ich Ideen für den

2. *Unternehmens-Periodenzielplan*

und den

3. *Unternehmens-Lebenszielplan.*

HelfRecht-Management-System

Management-Zielplan Januar
Unternehmensbereich:

1. Habe ich die *Monatsziele* meines Unternehmensbereichs erreicht/nicht erreicht (Gründe)/überschritten (Gründe)?
2. Habe ich das *Monatsbudget* meines Unternehmensbereichs eingehalten/überschritten (Gründe)/unterschritten (Gründe)?
3. Werde ich nach dem bisherigen Stand das *Jahresziel* meines Unternehmensbereichs erreichen/nicht erreichen (Gründe)/überschreiten (Gründe)?
4. Welche *Teilziele* (Liste) meines Unternehmensbereichs für den nächsten Monat ergeben sich aus dem Unternehmens-Jahreszielplan?
5. Welche *Mittel* benötige ich, welche *Maßnahmen* werde ich durchführen, um die Ziele meines Unternehmensbereichs für den nächsten Monat zu erreichen? (Mittel, die im Jahreszielplan oder Jahresbudget nicht aufgeführt sind, müssen begründet und von der Geschäftsleitung genehmigt werden.)
6. Welche Möglichkeiten der *Kostenersparnis* gibt es in meinem Unternehmensbereich und/oder in unserem Unternehmen?
7. Womit kann ich zum guten *Ruf meines Unternehmens* beitragen? Besteht die Gefahr möglicher Ruf-Schädigungen?
8. Wie kann ich die *Öffentlichkeitsarbeit* unseres Unternehmens unterstützen?
9. Welchen Vorschlag habe ich zur *Stärkung des Unternehmens-Erfolges?*
10. Welche *Ideen* sammle ich für die Unternehmens-Zielpläne? (Rückseite)



*Abbildung 29: Management-Zielplan für den Monat/Unternehmensbereich: die unternehmerische Situation im Griff behalten.*

*Das Umsatzziel haben wir überschritten, weil wir einige unerwartete Marktchancen nutzen und ein Großprojekt mit 1.100 m² akquirieren konnten.*

| | |
|---|---|
| *Umsatzziel März:* | *28.000 m²* |
| *erreicht:* | *31.000 m² (110 %)* |
| *Vorjahresumsatz:* | *26.000 m²* |

*2. Habe ich das Monatsbudget meines Unternehmensbereichs eingehalten/überschritten (Gründe)/unterschritten (Gründe)?*

*Das Budget Februar wurde in allen Punkten laut Jahres-Budgetplan eingehalten; geringfügige Verschiebungen ergeben sich jedoch bei Materialkosten und Forschungsaufwand.*

*3. Werde ich nach dem bisherigen Stand das Jahresziel meines Unternehmensbereichs erreichen/nicht erreichen (Gründe)/ überschreiten (Gründe)?*

*Wir werden das Jahresziel nach dem bisherigen Stand erreichen.*

*4. Welche Teilziele (Liste) meines Unternehmensbereichs für den nächsten Monat ergeben sich aus dem Unternehmens-Jahreszielplan?*

*a) Formenbau TEMDA Protect abschließen, für Lieferbereitschaft sorgen.*
*b) TEMDA Perfect neu bemustern lassen. Bei Sänger & Co. wegen Angebot nachfassen.*
*c) 2 Tage Lehrverlegerschulung.*
*d) Teilnahme an Architektentagen und Rhetorik-Kurs.*

*5. Welche Mittel benötige ich, welche Maßnahmen werde ich durchführen, um die Ziele meines Unternehmensbereichs für den nächsten Monat zu erreichen? (Mittel, die im Jahreszielplan oder Jahresbudget nicht aufgeführt sind, müssen begründet und von der Geschäftsleitung genehmigt werden.)*

*a) Etwa DM 500,– Klischeekosten für Aufdruck auf Verpackung TEMDA Protect; Firma Müller – nach Rücksprache mit HL.*
*b) Firma Mender, Firma Sänger & Co.*
*c) Ich werde ein Gespräch mit Herrn Müller führen und ihm unsere Anforderungen an den Verpackungsaufdruck und die Verlegeanleitung TEMDA Protect nennen.*

*d) Ich werde ein Gespräch mit Herrn Greim führen wegen neuer Erkenntnisse bei TEMDA Perfect (neue Patente).*
*e) Ich werde Herrn Kroll bei Sänger & Co. bitten, mir die zugesagten Angebote für das Schäumen von TEMDA Perfect zukommen zu lassen.*
*f) Ich werde eine zweitägige Lehrverlegerschulung abhalten und hierzu die Auszubildenden und die Lehrverleger einladen.*
*g) Ich werde mich auf die Architektentage entsprechend vorbereiten und ein Referat halten.*
*h) Ich werde zusammen mit den Kollegen der Geschäftsleitung das geplante Rhetorik-Seminar besuchen.*

6. *Welche Möglichkeiten der Kostenersparnis gibt es in meinem Unternehmensbereich und/oder in unserem Unternehmen?*

*Ich werde prüfen, ob wir die Standzeiten unserer Werkzeuge durch Verwendung eines anderen Materials verlängern und dadurch die Werkzeugkosten senken können.*

7. *Womit kann ich zum guten Ruf meines Unternehmens beitragen? Besteht die Gefahr möglicher Ruf-Schädigungen?*

*Unsere LKWs sind nicht immer frisch gewaschen. Das macht gerade in unserer Region keinen guten Eindruck. Ich werde deshalb dafür sorgen, daß die LKWs immer so aussehen, als kämen sie gerade aus der Waschhalle.*

8. *Wie kann ich die Öffentlichkeitsarbeit unseres Unternehmens unterstützen?*

*Meines Erachtens sollte es eine Presseaktion wegen unserer neuen Patente (TEMDA Perfect, TEMDA Protect) geben.*

9. *Welchen Vorschlag habe ich zur Stärkung des Unternehmens-Erfolges?*

*Wir sollten eine »Partner-Information« herausbringen und darin unsere Partnerbetriebe verstärkt darstellen. Damit würden wir diese Dachdecker noch stärker an uns binden – weil sie sehen, daß wir etwas für sie tun.*

10. *Welche Ideen sammle ich für den Unternehmens-Jahreszielplan des Folgejahres?*

*Materielles Ziel: Verpackungskosten weiter senken.*

*Mitmenschliches Ziel. Auszubildende besser motivieren durch mehr Gespräche.*

*Gesundheitsziel: Geräuschbelastung der Mitarbeiter in der Produktion weiter senken.*

# Legen Sie Ihren Tagesrhythmus fest

Morgenmuffel oder Abendmensch – jeder hat einen individuellen Arbeits- und Leistungsrhythmus.

Jeder Mensch hat eine individuelle Leistungskurve, einen individuellen Rhythmus. Entsprechend dieser Leistungskurve sollten die zu erledigenden Arbeiten verteilt werden. Ein Tagesrahmenplan *(Abbildung 30)* verschafft uns deshalb einen Überblick über den zur Verfügung stehenden Zeitrahmen für alle täglichen Verrichtungen oder auch für die Erholungsphasen.

Wichtig ist, sich durch die Addition der einzelnen Zeiten (insgesamt ergeben sich 1440 Minuten pro Tag) ins Gedächtnis zu rufen, wieviel Zeit uns insgesamt zur Verfügung steht. Wie nutzen wir diese Zeit? Wie verbringen wir beispielsweise unsere Erholungsphasen?

Der Tagesrahmenplan wird einmal auf einem AM 2-Notizzettel aufgestellt und ist eine grobe Leitlinie für den Ablauf eines Tages. Sehen Sie sich diese Leitlinie immer wieder einmal an. Wenn es sinnvoll ist, den Plan zu korrigieren, so ändern Sie ihn auf den neuen von Ihnen als nützlicher erkannten Tagesrhythmus ab.

Mit dem Tagesrahmenplan wird man sich seiner individuellen Leistungskurve bewußt.

Der Tagesrahmenplan ersetzt selbstverständlich nicht Aufzeichnungen über täglich wiederkehrende Aufgaben im beruflichen Bereich. Hierfür bietet es sich vielmehr an, einen weiteren Notizzettel (AM 2) auszufüllen, der im Zeitplanbuch von einem Arbeitstag zum anderen mitwandert.

*Abbildung 30: 1440 Minuten stehen täglich zur Verfügung.*

Tagesrahmenplan

| Zeit | Tätigkeit | Minuten |
|---|---|---|
| $6^{30}$ | Aufstehen, Schwimmen | |
| | Toilette, Frühstück | 90 |
| $8^{00}$ | Fahrt ins Büro | |
| | 1. Arbeit | 240 |
| $12^{00}$ | Mittag, 20 Minuten | 120 |
| $13^{00}$ | Entspannung | |
| $14^{00}$ | 2. Arbeit | 240 |
| $18^{00}$ | Fahrt nach Hause, Essen | 90 |
| $19^{30}$ | Spaziergang, Erholung | 150 |
| | lesen, Hobbies, pers. Planungen | |
| $22^{00}$ | Toilette, Schlafen | 510 |
| | | 1440 |

# Einen erfolgreichen Tagesverlauf gestalten

Die wichtigsten Formblätter eines Zeitplanbuches, mit denen auch zwangsläufig am meisten gearbeitet wird, sind die Tagespläne. Auf diese Formblätter – für jeden Tag steht Ihnen eine Doppelseite (also etwa der Platz einer DIN-A5-Seite) zur Verfügung – werden zunächst die Aufgaben aus der Monatsplan-Vormerkung übernommen, wenn sie im Zeitplanbuch einsortiert werden. Im Laufe der Zeit füllt sich dann jeder Tagesplan zusätzlich mit Terminen, die wir von anderen vorgegeben bekommen haben und auch mit Aufgaben, die wir uns selbst für den betreffenden Tag vornehmen.

Die täglichen Aufgaben können auf jeweils einer Doppelseite geplant werden.

Sie finden auf der linken Seite des Tagesplanes oben das Leitmotiv des entsprechenden Tages. Setzen Sie sich mit diesen Leitmotiven immer wieder einmal auseinander und überlegen Sie, ob und vielleicht wann zu dem jeweiligen Tagesleitmotiv für Sie Handlungsbedarf besteht.

Auf der rechten Seite könnten Sie über der Angabe des Kalendertages in dem vorgegebenen Rahmen dem jeweiligen Tag ein eigenes Motto geben.

Unter den Angaben zum Datum finden Sie eine Zeitleiste (7.00 Uhr bis 19.00 Uhr). Hier können Sie die Stunden abstreichen, die Sie für den betreffenden Tag bereits fest verplant haben. So können Sie für neue Terminentscheidungen auf einen Blick erkennen, welche Zeiträume für Sie noch frei verfügbar sind.

Auf einen Blick ist erkennbar, welche Zeiten bereits mit Aufgaben belegt sind.

Teilen Sie nun die Ihnen zur Verfügung stehende linke und rechte Seite so ein, wie es Ihrem Arbeitsstil am nächsten kommt. Folgende Möglichkeiten bieten sich an:

Jeder kann seinen Tag nach den speziellen individuellen Bedürfnissen planen.

- ☐ Sie schreiben alle Aufgaben und notwendigen Tätigkeiten auf die rechte Seite; die linke Seite steht Ihnen für ergänzende Notizen zur Verfügung *(Abbildung 31)*.
- ☐ Sie planen auf der rechten Seite Ihre beruflichen und unternehmerischen Aufgaben, auf der linken dagegen notieren Sie Ihre privaten Aufgaben *(Abbildung 32)*. Wenn Sie zusätzlich einen Notizzettel einheften, können Sie tagsüber – etwa bei geschäftlichen Besprechungen –, Ihre privaten Planungen vor neugierigen Blikken schützen.
- ☐ Auf der rechten Seite können Sie aber auch die termingebundenen, auf der linken Seite die nicht termingebundenen Aufgaben und Vorhaben planen *(Abbildung 33)*. Selbstverständlich können Sie genauso umgekehrt vorgehen, daß Sie diese Eintragungen also tauschen: links termingebundene, auf der rechten Seite nicht termingebundene Aufgaben.
- ☐ Und schließlich können Sie Ihren Tagesplan auch nach Prioritätsblöcken unterteilen: Auf die rechte Seite kommen die Aufgaben und Tätigkeiten, die oberste Priorität haben; links werden dann die Vorhaben mit niedrigerer Priorität notiert *(Abbildung 34)*.

Individualität gerade bei der Tagesplanung.

Ihre Tagesplanung ist also sehr flexibel und gehorcht ganz allein Ihren persönlichen Bedürfnissen; das HelfRecht-Zeitplanbuch läßt Ihnen bewußt genügend Freiraum für Ihren individuellen Arbeits- und Planungsstil.

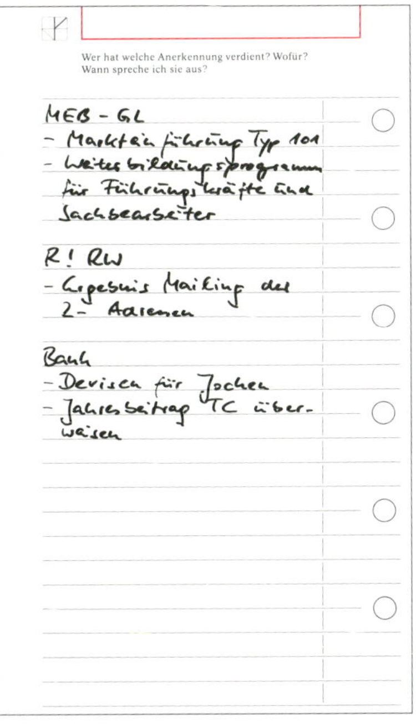

DIENSTAG 9. JANUAR 1990
9. TAG 2. WOCHE

*Abbildung 31: Alle Aufgaben und Tätigkeiten stehen auf der rechten Seite des Tagesplanes; links können Ergänzungen und Hinweise notiert werden.*

Wer hat welche Anerkennung verdient? Wofür? Wann spreche ich sie aus?

DIENSTAG 9. JANUAR 1990
9. TAG 2. WOCHE

*Abbildung 32: Hier werden auf der rechten Seite berufliche und unternehmerische Aufgaben geplant; links steht Privates.*

*Abbildung 33: Rechts stehen termingebundene, links nicht termingebundene Aufgaben.*

Wer hat welche Anerkennung verdient? Wofür?
Wann spreche ich sie aus?

Wieplanskizze „EDV-Programme" vervollständigen B 1..
Pt 4 Zielplan W 2
Pt 5 Zielplan W 2
Herr Schiller hat Geburtstag B 1.
Persönliche Situationsanalyse aktualisieren W 1

Karten für Theater (28.02.) bestellen T 30
Herrn Thomas anrufen T 1.
Seminarprogramm von Institut „R" anfordern T 20
Helga anrufen T 1

DIENSTAG 9. JANUAR 1990
9. TAG 2. WOCHE

7 - 8 - 10 - 11 - 12 - 13 - 14 - 15 - 16 - 17 - 18 - 19

MEB - GL 14⁰⁰ B 1
- Markteinführung Typ 101
- Weiterbildungsprogramm für Führungskräfte und Sachbearbeiter
R! RW 9⁰⁰ B 1.
- Ergebnis Mailing der 2- Adressen
Bank 17³⁰ 1
- Devisen für Jochen
- Jahresbeitrag TC überweisen

Tennis mit Heinz 19⁰⁰ 1

9 10 11 12 13 14 15 16 17 18 19 20 21 22 23 24 25 26 27 28 29 30 31

*Abbildung 34: Hier ist der Tagesplan nach Prioritätsblöcken geordnet.*

Wer hat welche Anerkennung verdient? Wofür?
Wann spreche ich sie aus?

Pt 4 Zielplan W 2
Pt 5 Zielplan W 2
Seminarprogramm von Institut „R" anfordern T 20

Karten für Theater (28.02.) bestellen T 30

DIENSTAG 9. JANUAR 1990
9. TAG 2. WOCHE

7 - 8 - 10 - 11 - 12 - 13 - 14 - 15 - 16 - 17 - 18 - 19

Wieplanskizze „EDV-Programme" vervollständigen B 1..
Herrn Thomas anrufen T 1.
MEB - GL 14⁰⁰ B 1
- Markteinführung Typ 101
- Weiterbildungsprogramm für Führungskräfte und Sachbearbeiter
Herr Schiller hat Geburtstag B 1.
R! RW 9⁰⁰ B 1.
- Ergebnis Mailing der 2- Adressen
Bank 17³⁰ 1
- Devisen für Jochen
- Jahresbeitrag TC überweisen
Persönliche Situationsanalyse aktualisieren W 1
Tennis mit Heinz 19⁰⁰ 1
Helga anrufen T 1

S/K/55.

9 10 11 12 13 14 15 16 17 18 19 20 21 22 23 24 25 26 27 28 29 30 31

Damit Ihre monatliche Zeitplanung möglichst kontinuierlich abläuft, sollten Sie etwa am 20. eines Monats die bereits erledigten Tagespläne aus dem Zeitplanbuch herausnehmen. Heften Sie dann den »Zielplan für den Monat« und die Tagespläne für den folgenden Monat ein und übertragen Sie aus den Monatsplan-Vormerkungen die notierten Termine, Vorhaben und Aktivitäten. Auch die dort eingehefteten Notizzettel übernehmen Sie zu den entsprechenden Tagesplänen.

Etwa am 20. Tag eines Monats sollten die Tagesplanblätter für den folgenden Monat eingeheftet und die »verbrauchten« Tagesplanblätter herausgenommen werden.

Durch das Herausnehmen der Tagesplanblätter vom 1. bis 19. entlasten Sie Ihr Zeitplanbuch und können alle Termine, die Sie im letzten Monatsdrittel für den Folgemonat vereinbaren, gleich auf dem entsprechenden Tagesplan festhalten.

Manche Tätigkeiten lassen sich noch nicht auf einen konkreten Wochentag festlegen. Für diese Aufgaben können Sie sich auf einem Notizzettel AM 2 auch Wochenpläne in Form von Aufgabenlisten mit Prioritätsangaben anlegen *(Abbildung 35)*.

*Abbildung 35: Für noch nicht konkret terminierbare Aufgaben kann ein Wochenplan angelegt werden.*

Wochenplan
5. Woche

| | |
|---|---|
| Prüfen, ob Berufliche Situationsanalyse RG klar verständlich ist. | 1 |
| Erster Entwurf der Baufinanzierung. | 2 |
| Brief an Fa. Herter & Co. entwerfen. | 3 |
| Monatszahlen besprechen. | 1 |
| Eigene Berufliche Situationsanalyse überarbeiten. | 3 |

# Vorbereitung eines Tagesplanes

Jeder Tag sollte unbedingt vorbereitet werden. Das strukturiert den Ablauf des Tages und gewährleistet, daß die für uns tatsächlich wichtigen Aufgaben auch erledigt werden. Wie Sie zu Beginn dieses Buches bereits gelesen haben, ist es sinnvoll, diese Vorbereitung am Vorabend des jeweiligen Arbeitstages vorzunehmen.

Wir überlegen uns dabei, in welcher Reihenfolge welche Arbeiten erledigt werden sollen und vergeben *Prioritäten* nach dem System, das uns am meisten zusagt (Seite 111 ff). Diese Zahlen schreiben wir in die rechte Spalte neben die entsprechende Aufgabe *(Abbildungen 31* bis *34*, Seiten 219/220).

Ein wichtiger Hinweis: In Ihrem Zeitplanbuch sollten Sie grundsätzlich mit Bleistift schreiben, um bei unvorhergesehenen, dringenden, zusätzlichen Arbeiten beispielsweise die Prioritäts-Reihenfolge ändern zu können.

Mit Bleistift arbeiten – dann können beispielsweise Prioritäten noch im Laufe eines Tages verändert werden.

Unser Auge soll, um den Tagesplan im Überblick zu behalten, möglichst wenig springen müssen.

Zu empfehlen ist unbedingt, Termine durch Einrahmungen besonders hervorzuheben. Diese Eintragungen können dann durch die Umrahmung nicht übersehen werden. Wir bleiben terminlich absolut zuverlässig.

An dieser Stelle möchte ich Ihnen noch einmal einen wichtigen Hinweis geben: Planen darf kein Einengen des persönlichen Arbeitsstils bedeuten. Die hier gemachten Empfehlungen sind deshalb bewußt nur Anregungen oder eine Leitlinie. Jeder soll und kann seinen individuellen Arbeitsstil auch bei der Führung des Zeitplanbuches finden. So gibt es selbst im HelfRecht-Studienzentrum keine zwei Personen, die das Zeitplanbuch gleich führen.

Der individuelle Arbeitsstil entscheidet darüber, wie das HelfRecht-Zeitplanbuch geführt wird.

Nutzen Sie also die Gestaltungsmöglichkeiten auf den beiden Seiten, die Ihnen für den Tagesplan zur Verfügung stehen. Anregungen, wie Sie welche Arbeitsblöcke aufteilen, habe ich Ihnen bereits gegeben.

## Adressen/Daten/Ideen: keine Notiz geht verloren

Das Adressenregister ist zugleich Ideenspeicher.

Das Adressenregister des HelfRecht-Zeitplanbuches besteht aus Kunststoff-Leitkarten für je zwei Buchstaben und neutralen Formblättern, um die Anschriften privater und geschäftlicher Partner festzuhalten. Nutzen Sie das Adressenregister aber auch für Ihre persönliche Daten- und Ideenbank. Hierfür eignen sich besonders die Formblätter AM 2.

Dazu einige Anregungen, wie Sie vorgehen könnten: Ganz wichtig ist, daß Sie für jede Idee oder für jede Anregung ein eigenes Blatt verwenden, da nur so eine eindeutige Zuordnung möglich ist und der Ideenzettel immer wieder ergänzt werden kann.

Einige Verwendungsmöglichkeiten:

Für jede Idee und jede Notiz wird ein eigenes Blatt eingelegt.

- ☐ Ideen und Notizen für Gespräche mit Geschäftspartnern oder Mitarbeitern. Für jedes Gespräch legen Sie ein eigenes Ideenblatt an; wenn Sie mit Jochen Müller ein noch nicht terminiertes Gespräch planen, legen Sie dieses Blatt unter »M« im Adressenregister ab. Sobald der Termin des Gespräches festliegt, gehört dieses Blatt zum entsprechenden Tagesplan oder zur Monatsplan-Vormerkung.
- ☐ Ideensammlungen zu Ihren verschiedenen Ziel- und Vorgehensplanungen: Wählen Sie hierfür ein Stichwort, das Sie oben in das Kopffeld Ihres Ideenzettels eintragen.
- ☐ Geschäftszahlen, zum Beispiel Umsatz, Auftragseingänge, Ergebniszahlen.
- ☐ Reisevorbereitungs- oder Kontrollisten in Form von Checklisten (zum Beispiel Reisecheckliste, Inventurcheckliste).
- ☐ Anregungen und Ideen für Ihre Hobbys – ebenfalls Ablage unter dem entsprechenden Stichwort.

AM 2-Notizzettel sind für die verschiedensten Zwecke einsetzbar.

Die weißen Notizzettel AM 2 können Sie also äußerst flexibel handhaben und damit Ihr Adressenregister zu Ihrem persönlichen Ideenspeicher machen *(Abbildungen 37* bis *41)*.

Damit dieser Ideenspeicher nicht überquillt, sollte er regelmäßig durchgesehen und überarbeitet werden. Einzelne Ideen, Daten oder Statistiken können Sie dann Ihren jeweiligen Projekten oder Zielplänen zuordnen und aus der Ringmechanik des Zeitplanbuches wieder herausnehmen. Bewährt hat sich, diese Ideen- und Datenbank monatlich einmal durchzublättern. Nutzen Sie dabei Leerzeiten, zum Beispiel Wartezeiten, um nicht zusätzliche Zeit für das Durchblättern des Daten- und Ideenspeichers investieren zu müssen.

Wer viele Ideen notieren will, sollte als Ideenspeicher eine zweite Zeitplanbuch-Hülle einsetzen.

Für besonders »ideenreiche« Personen hat sich eine zweite Zeitplanbuchhülle bewährt, die ausschließlich als Ideenspeicher (mit Register) genutzt wird – oder Sie verwenden den Zeitplanbuch-Archiv-Ordner mit Leitkarten als Ideen- und Datenbank.

Wenn Sie über einen Personal Computer verfügen, bietet sich Ihnen ein weiterer Vorteil: Es gibt ein Softwareprogramm, mit dessen Hilfe Sie AM 2-Zettel mit Ihrem Personal Computer beschriften können *(Abbildung 36)*. Informationen hierzu gibt es beim HelfRecht-Studienzentrum.

Meine jährlich
wiederkehrenden
Aufgaben

1. Gehaltsstruktur prüfen und ggf. anpassen

2. Mitarbeiterleistungen beurteilen und besprechen

3. Unternehmens-JZP mit den Mitarbeitern erarbeiten

4. Berufliche Situationsanalyse der Mitarbeiter überprüfen

5. Unternehmens-Situationsanalyse aktualisieren

6. Unternehmens-PZP aktualisieren

7. Inventur gründlich auswerten

*Abbildung 36: Vom PC beschriftete Zeitplanbuch-Notizzettel.*

Kapitel 5

# Nützliche Formblätter für viele Zwecke

Notizzettel AM 2 für die unterschiedlichsten Einsatzzwecke.

☐ *Notizzettel AM 2*
Das universellste Formblatt des HelfRecht-Zeitplanbuches – den Notizzettel AM 2 – haben Sie schon auf den vorangegangenen Seiten kennengelernt. Betrachten Sie eine Reihe von ausgefüllten Mustern *(Abbildungen 37* bis *41),* um noch weitere Anregungen zu erhalten, wofür Sie diese Notizzettel einsetzen können.

Reisecheckliste

Paß (Impfschein)
Geld (Scheck, Kreditkarte)
Fremdwährung
Autopapiere, Führerschein
Fahr-, Flugkarte
Anzug
Hemden
Manschettenknöpfe
Krawatten
Unterhosen, Unterhemden
Socken
Schlafanzug
Mantel
Schirm
Waschzeug, Medikamente
Rasierapparat
Taschentücher
Hausschuhe
Bademantel, -hose, -mütze
Reisewecker
Leselampe
Bücher

*Abbildung 37: Die Reisecheckliste kann individuell ergänzt werden.*

*Abbildung 38: Ideen für eines der nächsten Wochenenden.*

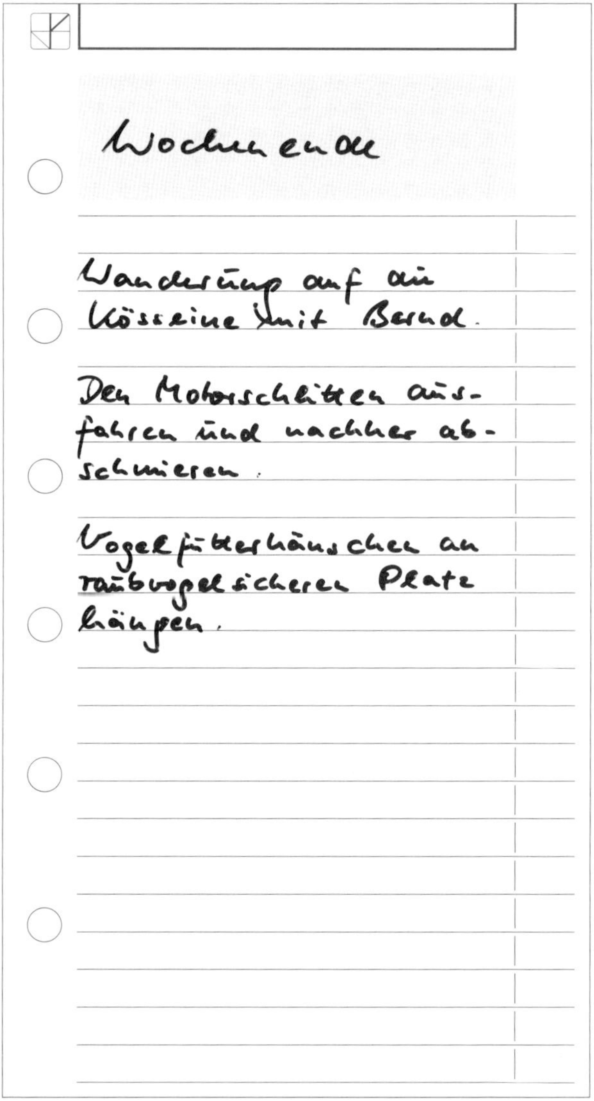

Wochenende

Wanderung auf die Kösseine mit Bernd.

Den Motorschlitten ausfahren und nachher abschmieren.

Vogelfutterhäuschen an raubvogelsicheren Platz hängen.

Umsätze
Bremen

| Vorjahr | lfd. Jahr | |
|---|---|---|
| 96.763,- | 80.477,- | Jan |
| 248.379,- | 210.106,- | Feb |
| 1.047.660,- | 1.482.050,- | Mrz |
| 1.356.734,- | 1.295.810,- | Apr |
| 2.408.786,- | 2.948.714,- | Mai |
| 1.923.747,- | 2.422.445,- | Jüni |
| 2.063.284,- | 2.104.060,- | Jüli |
| 2.191.938,- | 2.681.071,- | Aug |
| 2.207.411,- | | Sept |
| 2.494.840,- | | Okt |
| 1.186.957,- | | Nov |
| 908.161,- | | Dez |
| 18.134.660,- | | |

*Abbildung 39: Umsatz-Statistik des Vorjahres und des laufenden Jahres.*

*Abbildung 40: Ideen für eine Produkt-Weiterentwicklung.*

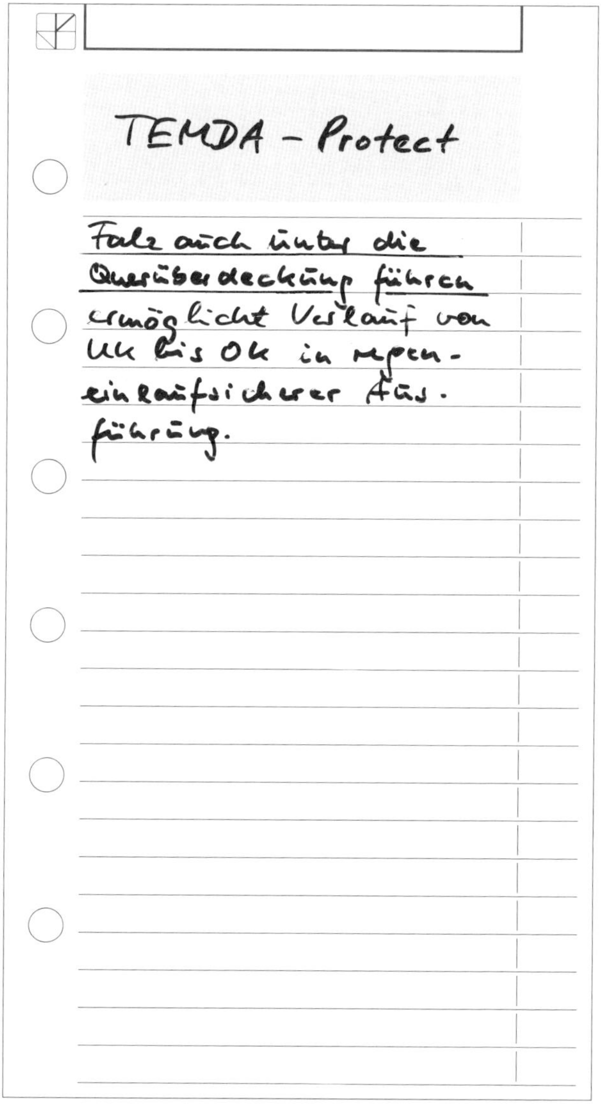

TEMDA – Protect

Falz auch unter die Querüberdeckung führen ermöglicht Verlauf von Uk bis Ok in regeneinlaufsicherer Ausführung.

Besprechung
J. Heitkamp

IHM:

A. 1. Neuen Messestand nach WP versenden
2. aufbauen
3. täglich nach Kontrolliste überprüfen
4. abbauen
5. im Lager IV nach WP abstellen

B. Planung der Messe in Nürnberg besprechen

C. Messe Frankfurt neu planen

*Abbildung 41: Stichpunkte zur Besprechungsvorbereitung.*

☐ *Formblätter AM 1 und AM 3*
Diese beiden Formblätter unterscheiden sich nur dadurch, daß beim Formblatt AM 3 ein zusätzlicher Durchschlag, der gleich im Durchschreibeverfahren erstellt wird, vorhanden ist.

Die Formblätter AM 1 und AM 3 können für den innerbetrieblichen Umlauf und für Anweisungen an Mitarbeiter verwendet werden.

Beide Formblätter werden verwendet, um Informationen an Mitarbeiter zu geben. Die Kurzzeichen der Mitarbeiter werden im Kopffeld angegeben. Der Durchschlag im Formblattsatz AM 3 wird zur Terminkontrolle der jeweiligen Aufgabenerledigung im eigenen Zeitplanbuch abgelegt, das Original geht an den entsprechenden Mitarbeiter mit der Aufforderung, bis zu einem bestimmten Termin irgendeine Aufgabe abzuliefern. Somit können Sie die termingerechte Erledigung von Aufgaben ideal überwachen.

☐ *Reiseausgaben*
Dieses Formblatt erspart Ihnen, ein gesondertes Fahrtenbuch zu führen. Wenn Sie an das Formblatt Ihre entsprechenden Ausgabenbelege anheften, sind die steuerlichen Bedingungen für eine korrekte Reisekostenabrechnung erfüllt.

Weitere Formblätter ergänzen das HelfRecht-Zeitplanbuch.

☐ *Fahrplan*
Verwenden Sie dieses Formblatt, wenn Sie häufig bestimmte Zug- oder Flugverbindungen nutzen.

☐ *Bücherliste*
Hier können Sie die Buchtitel notieren, die für Sie interessant sind.

- ☐ *Statistikblatt*
  Dieses Statistikblatt läßt sich für sehr viele Tabellen einsetzen (zum Beispiel Umsatzübersichten, Auftragseingangsübersichten, Übersichten über eine Preisentwicklung, Urlaubsplanung, Projektplanung, Markteinführung bestimmter Produkte, Kostenkontrollen, Ihre A-Kunden und dergleichen).

Die auf dem Statistik-Blatt notierten Daten kann man stets bei sich führen.

- ☐ *Karo- und Millimeterpapier*
  runden die Grundausstattung des HelfRecht-Zeitplanbuches ab.

# Das HelfRecht-Zeitplanbuch im Team einsetzen

Mehrfach wurde in diesem Buch schon davon gesprochen, daß sich durch die arbeitsteilige Berufswelt jeder auf die Erfüllung seiner Aufgaben konzentrieren muß.

Wesentlich erleichtern Sie die Zusammenarbeit in Ihrem Team, wenn Sie die Kommunikation in Ihrem Unternehmen auch von den Arbeitsmitteln her gesehen gut organisieren.

*Vereinbartes muß sofort notiert werden können.*

*Vor vielen Jahren erlebte ich bereits, daß mein damaliger Chef jeden Mitarbeiter wieder wegschickte, wenn der Betreffende ohne Block zu ihm ins Büro kam, also keine Möglichkeit hatte, das zu notieren, was besprochen wurde.*

Gehen Sie noch einen Schritt weiter und rüsten Sie Ihre Mitarbeiter mit einheitlichen Arbeitsmitteln aus! So können Sie dann intern auch mit einheitlichen Formblättern kommunizieren. Der Empfänger kann die Notiz gleich in sein Zeitplanbuch an der richtigen Stelle einheften und braucht nichts zusätzlich zu notieren.

Sie können zudem einen ganz wesentlichen Nebeneffekt erreichen, dessen arbeitsrationalisierende Wirkung gar nicht hoch genug eingeschätzt werden kann: eine kurze schriftliche Information auf einem Notizzettel AM 1, AM 2 oder AM 3 ersetzt so manches interne Telefongespräch. Erinnern Sie sich, wie stimmungsbelastend es ist, immer wieder bei der Bearbeitung von Aufgaben durch Unterbrechungen gestört zu werden?

Eine Untersuchung ergab, daß Führungskräfte mehr als 200mal pro Tag gestört werden. Ein erheblicher Anteil dieser Störungen ist hausgemacht – es sind innerbetriebliche Telefonate. Viele dieser Telefonate ließen sich durch eine kurze schriftliche Information vermeiden.

☐ *Training im Team*

Wenn Sie Ihre Mitarbeiter mit dem HelfRecht-Zeitplanbuch ausstatten, seien Sie zu Beginn damit zufrieden, daß das Zeitplanbuch zunächst nur als Terminkalender genutzt wird. Nehmen Sie sich aber gleichzeitig vor, daß Sie nach einer kurzen Eingewöhnungszeit Ihre Mitarbeiter regelmäßig in der Handhabung des Zeitplanbuches trainieren. Sehr bewährt hat sich bei verschiedenen Anwendern des HelfRecht-Planungssystems ein monatliches Training von etwa einer halben Stunde Dauer.

Akzeptieren Sie bei Ihren Mitarbeitern eine gewisse Eingewöhnungszeit, wenn Sie das HelfRecht-Zeitplanbuch in Ihrem Unternehmen einführen.

Als Anregung für die Trainingsinhalte können Sie die Ausführungen der Anleitungsbroschüre verwenden, die jedem Zeitplanbuch beiliegt – oder Sie greifen Abschnitte aus diesem Buch heraus.

Häufige kleine Trainingseinheiten sind wie bei jedem Sportler viel wirkungsvoller als das Zeitplanbuch in einem Ganztagesseminar komplett durchzusprechen.

# Nutzen Sie unser Beratungsangebot

Jederzeit steht Ihnen das HelfRecht-Studienzentrum zu Fragen des Zeitmanagements zur Verfügung.

Denken Sie auch an die im Preis enthaltene telefonische oder schriftliche Beratung zur Handhabung des HelfRecht-Zeitplanbuches, die Sie jederzeit nutzen können. Rufen Sie uns an (0 92 32 / 6 01-50) oder schreiben Sie uns (HelfRecht, D-8591 Bad Alexandersbad).

Viel Freude und viel Erfolg für ein gutes Zeitmanagement wünscht Ihnen

I h r

HelfRecht-Studienzentrum

# Literaturverzeichnis

Gustav Großmann:
»Der Chef, nach dem sich die besten Kräfte reißen«, HelfRecht-Verlag, Bad Alexandersbad

Manfred Helfrecht/Ernst-Walter Wehner:
»Planen, damit's leichter geht«, Teil I und II, HelfRecht-Verlag, Bad Alexandersbad

Maxwell Maltz:
»Erfolg kommt nicht von ungefähr«, Econ-Verlag, Düsseldorf

Frederic Vester:
»Denken – Lernen – Vergessen«, Deutscher Taschenbuch-Verlag, Stuttgart

»methodik«, Vierteljahres-Zeitschrift mit Ideen und Anregungen für persönliches und unternehmerisches Planen, HelfRecht-Verlag, Bad Alexandersbad